La Magie de l'Italie

Recettes Authentiques du Pays des Saveurs

Antoine Dupont

CONTENU

Nouilles au pain dans un bouillon 8

Quenelles de pain tyrolien 10

Soupe de saucisses aux haricots verts 14

Soupe scarole et petite viande 18

Soupe "conjugale" 21

Soupe de poisson toscane 25

Soupe de poisson épaisse 29

Soupe aux fruits de mer, pâtes et haricots 32

Moules et moules au bouillon de tomates 37

Sauce marinara 40

Sauce aux tomates fraîches 42

Sauce tomate à la sicilienne 44

Sauce tomate à la toscane 47

Sauce pizzaiola 50

"Fausse" sauce à la viande 52

sauce rose 56

Sauce tomate aux oignons 58

Sauce à la tomate rôtie 60

Ragù à la manière des Abruzzes 62

Ragoût napolitain 65

Ragoût de Saucisse 70

Ragoût façon conte de fées 72

Sauce à la viande toscane 75

Ragoût à la bolognaise 79

Ragoût de Canard 82

Ragoût de lapin ou de poulet 86

Ragoût de cèpes et viande 89

Ragoût de porc aux herbes fraîches 93

Ragoût à la viande de truffe 96

Sauce au beurre et à la sauge 101

huile sainte 103

Sauce au fromage Fontina 105

béchamel 106

sauce à l'ail 108

Sauce verte 110

Sauce sicilienne à l'ail et aux câpres 112

Sauce aux oeufs persillée 114

Sauce aux poivrons rouges et tomates 117

sauce aux olives 119

Sauce tomate séchée 121

Sauce paprika façon Molise 122

Mayonnaise à l'huile d'olive 124

Linguine à l'ail, à l'huile et aux piments forts	127
Spaghettis à l'ail et aux olives	129
Linguine au pesto	131
Spaghettis fins aux noix	134
Linguine aux tomates séchées	136
Spaghetti au paprika, pecorino et basilic	138
Penne aux courgettes, basilic et œufs	142
Pâtes aux petits pois et oeuf	145
Linguine aux haricots verts, tomates et basilic	148
Petites oreilles à la crème de pomme de terre et roquette	151
pâtes et pommes de terre	154
Moules au chou-fleur et au fromage	158
Pâtes au chou-fleur, safran et groseilles	160
Mouches aux artichauts et petits pois	163
Fettuccine aux artichauts et champignons	166
Rigatoni au ragoût d'aubergines	170
Spaghettis siciliens aux aubergines	173
Noeuds papillon au brocoli, tomates, pignons de pin et raisins secs	176
Cavatelli aux légumes à l'ail et pommes de terre	179
Linguine aux courgettes	182
Penne aux légumes grillés	185
Penne aux champignons, ail et romarin	189

Linguine à la betterave et à l'ail 191

Vole avec des betteraves et des verts 194

Pâtes à la salade 197

Fusilli aux tomates rôties 199

Crêpes aux pommes de terre, tomates et roquette 203

Langue romaine dans un style campagnard 206

Penne aux légumes printaniers et à l'ail 209

Pâtes "effilochées" à la crème et aux champignons 212

Pâtes romaines aux tomates et mozzarella 215

Fusilli au thon et tomates 217

Linguine au pesto sicilien 219

Spaghettis au pesto "Crazy" 221

Nouilles au pain dans un bouillon

Passatelli à Brod

Donne 6 portions

Passatelli *sont des pâtes semblables à des pâtes composées de chapelure sèche et de fromage râpé, liées ensemble avec un œuf battu. La pâte passe à travers un appareil similaire à un presse-purée ou un hachoir à aliments directement dans le bouillon bouillant. Certains cuisiniers ajoutent à la pâte un peu de zeste de citron fraîchement râpé. Les passtelli en bouillon étaient autrefois un repas traditionnel du dimanche en Émilie-Romagne, suivi d'un rôti.*

8 verres maison<u>Soupe à la viande</u>ou<u>soupe au poulet</u>ou un mélange moitié bouillon du magasin et moitié eau

3 gros œufs

1 tasse de Parmigiano-Reggiano fraîchement râpé, et plus pour servir

2 cuillères à soupe de persil plat frais haché très finement

¼ cuillères à café de muscade moulue

Environ ¾ tasse de chapelure sèche nature

1. Si nécessaire, préparez le bouillon. Ensuite, battez les œufs dans un grand bol jusqu'à ce qu'ils soient bien mélangés. Incorporer le fromage, le persil et la muscade jusqu'à consistance lisse. Ajoutez suffisamment de chapelure pour obtenir une pâte lisse et épaisse.

2. S'il n'est pas fraîchement préparé, portez le bouillon à ébullition dans une grande casserole. Goûtez le bouillon et rectifiez l'assaisonnement au besoin.

3. Placez un moulin à nourriture avec une lame à grand trou, un presse-purée ou une passoire à grand trou sur la casserole. Presser le mélange de fromage à travers un moulin ou un tamis dans le bouillon bouillant. Cuire à feu doux pendant 2 minutes. Retirer du feu et laisser reposer 2 minutes avant de servir. Servir chaud avec du fromage supplémentaire.

Quenelles de pain tyrolien

Canederli

Donne 4 portions

Les chefs du nord de l'Italie, près de la frontière autrichienne, préparent des boulettes de pain complètement différentes des boulettes Passatelli fabriquées en Émilie-Romagne. Comme la boulette autrichienne, les canederli sont fabriqués à partir de pain de blé entier ou de seigle aromatisé au salami (saucisson séché à base de porc grossièrement haché) ou à la mortadelle (une fine saucisse à base de porc très finement haché avec de la muscade et souvent des pistaches entières).. Ils sont cuits dans un liquide puis servis en bouillon, mais ils se dégustent également avec une sauce tomate ou au beurre.

8 verres maisonSoupe à la viandeousoupe au pouletou un mélange moitié bouillon du magasin et moitié eau

4 tasses par jour de vieux pain de seigle sans pépins ou de pain à grains entiers

1 tasse de lait

2 cuillères à soupe de beurre non salé

1/2 tasse d'oignon haché

3 onces de salami, mortadelle ou jambon cru, haché très finement

2 gros œufs, battus

2 cuillères à soupe de ciboulette fraîche hachée ou de persil frais

Sel et poivre noir fraîchement moulu

Environ 1 tasse de farine tout usage

1/2 tasse de Parmigiano-Reggiano fraîchement râpé

1. Si nécessaire, préparez le bouillon. Ensuite, dans un grand bol, faites tremper le pain dans le lait pendant 30 minutes en remuant de temps en temps. Le pain devrait commencer à s'effriter.

2. Faire fondre le beurre dans une petite poêle à feu moyen. Ajouter l'oignon et cuire, en remuant fréquemment, jusqu'à ce qu'il soit doré, environ 10 minutes.

3. Grattez le contenu de la poêle sur le pain. Ajoutez la viande, les œufs, la ciboulette ou le persil, salez et poivrez selon votre goût. Incorporer progressivement suffisamment de farine pour maintenir le mélange ensemble. Laisser agir 10 minutes.

4. Mouillez-vous les mains avec de l'eau froide. Prenez environ 1/4 tasse du mélange et façonnez-le en boule. Étalez la boule dans la farine. Placez la boulette sur un morceau de papier ciré. Répétez avec le reste du mélange.

5. Porter une grande casserole d'eau à ébullition. Baissez le feu pour que l'eau soit juste en ébullition. Ajoutez délicatement la moitié des gnocchis ou juste assez pour ne pas surcharger la marmite. Cuire 10 à 15 minutes ou jusqu'à ce que les boulettes soient cuites. Transférer les gnocchis dans une assiette avec une écumoire. Faites cuire les boulettes restantes de la même manière.

6. Lorsque la soupe est prête à servir, faites bouillir le bouillon. Ajouter les boulettes et cuire doucement pendant 5 minutes ou jusqu'à ce qu'elles soient bien chaudes. Les

boulettes sont servies dans un bouillon avec du fromage râpé.

Soupe de saucisses aux haricots verts

Comté de Fagiolini

Donne 4 portions

Un été, quand j'étais petite, j'ai rendu visite à ma grand-tante qui possédait une belle vieille maison victorienne sur la côte de Long Island, à New York. Chaque jour, elle préparait des déjeuners et des dîners élaborés pour son mari, qui semblait s'attendre à pas moins de trois plats. C'était l'une des soupes qu'elle préparait.

J'utilise du riz à grains moyens pour cette soupe – celui que j'utilise pour le risotto – parce que c'est ce que j'ai habituellement à la maison, mais du riz à grains longs fonctionnerait également.

2 cuillères à soupe d'huile d'olive

1 oignon moyen, haché

1 poivron rouge ou jaune haché

3 saucisses de porc italiennes

2 grosses tomates pelées, épépinées et hachées ou 1 tasse de tomates en conserve hachées

8 onces de haricots verts, parés et coupés en bouchées

Une pincée de poivron rouge moulu

Sel

3 tasses d'eau

1/4 tasse de riz à grains moyens, comme Arborio

1. Versez l'huile dans une casserole moyenne. Ajouter l'oignon, le poivron et les saucisses et cuire, en remuant de temps en temps, jusqu'à ce que les légumes soient tendres et que les saucisses soient légèrement dorées (environ 10 minutes).

2. Ajouter les tomates, les haricots verts, le poivron rouge moulu et le sel au goût. Ajoutez 3 tasses d'eau froide et portez à ébullition. Réduisez le feu et laissez cuire 15 minutes.

3. Disposez les saucisses dans une assiette. Coupez les saucisses en fines tranches et remettez-les dans la marmite.

4. Incorporer le riz et cuire encore 15 à 20 minutes jusqu'à ce que le riz soit tendre. Servir chaud.

Soupe scarole et petite viande

Zuppa di Scarola et Polpettini

Donne 6 à 8 portions

C'était ma soupe préférée en grandissant, même si nous la mangions uniquement pour les vacances et les occasions spéciales. Je n'arrive toujours pas à résister et je le fais souvent.

4 litres de maison<u>soupe au poulet</u>ou un mélange moitié bouillon du magasin et moitié eau

1 tête moyenne de scarole (environ 1 livre)

3 grosses carottes, hachées

Boulettes de viande

1 livre de veau ou de bœuf haché

2 gros œufs, battus

1/2 tasse d'oignon haché très finement

1 tasse de chapelure nature

1 tasse de Pecorino Romano fraîchement râpé, et plus pour servir

1 cuillère à café de sel

Poivre noir fraîchement moulu au goût

1. Si nécessaire, préparez le bouillon. Coupez ensuite la scarole et jetez les feuilles meurtries. Coupez les extrémités de la tige. Séparez les feuilles et lavez-les bien à l'eau froide, surtout au centre des feuilles où la terre s'accumule. Empilez les feuilles et coupez-les transversalement en bandes de 1 pouce.

2. Dans une grande poêle, mélanger le bouillon, la scarole et les carottes. Porter à ébullition et cuire 30 minutes.

3. Pendant ce temps, préparez les galettes : Dans un grand bol, mélangez tous les ingrédients de la galette. À l'aide de vos mains (ou d'un petit distributeur à cuillère), formez le mélange en petites boules de la taille d'un petit raisin et placez-les sur une assiette ou un plateau.

4. Lorsque les légumes sont cuits, déposez délicatement les boulettes de viande une à la fois dans la soupe. Cuire à feu doux jusqu'à ce que les boulettes de viande soient tendres, environ 20 minutes. Ajustez les épices et les assaisonnements. Servir chaud, saupoudré de Pecorino Romano râpé.

Soupe "conjugale"

Minestra Maritata

Donne 10 à 12 portions

Beaucoup de gens supposent que cette soupe napolitaine tire son nom du fait qu'elle est servie lors des réceptions de mariage, mais en réalité « marié » fait référence à la combinaison des saveurs des différents types de viande et des légumes qui en sont les principaux ingrédients. C'est une recette très ancienne : autrefois un plat que les gens mangeaient quotidiennement, en y ajoutant tous les restes de viande et de légumes qu'ils pouvaient trouver. Aujourd'hui, c'est considéré comme un peu démodé, même si je ne peux pas penser à un repas plus satisfaisant par une journée froide.

La bette à carde, la chicorée, le chou frisé ou le chou peuvent être remplacés par les légumes suivants. Au lieu de la soppressata ou de l'os de jambon, essayez le Genova ou un autre salami italien. Pour un meilleur goût, préparez la soupe la veille de servir.

1 livre de côtes de porc charnues (côtes de porc à la campagnarde)

1 os de jambon (facultatif)

2 carottes moyennes, coupées en tranches

2 côtes de céleri avec feuilles

1 oignon moyen

1 livre de saucisses de porc à l'italienne

1 tranche épaisse de jambon italien importé (environ 4 onces)

1 bâton de 4 onces de Soppressata

Une pincée de poivron rouge moulu

1 1/2 lb (1 petite tête) de scarole, parée

1 livre (1 bouquet moyen) de brocoli paré

1 livre (environ une demi-petite tête) de chou de Milan, coupé en lanières

8 onces de brocoli, coupé en fleurons (environ 2 tasses)

Parmigiano-Reggiano fraîchement râpé

1. Portez à ébullition 5 litres d'eau dans une grande casserole. Ajouter les côtes de porc, les os de jambon, les carottes, le céleri et l'oignon. Réduire le feu et laisser mijoter et cuire à feu moyen-vif pendant 30 minutes.

2. Écumez la mousse qui remonte à la surface. Ajouter la saucisse, le jambon, la soppressata et le poivron rouge broyé. Cuire 2 heures jusqu'à ce que les côtes de porc soient tendres.

3. Pendant ce temps, lavez et hachez tous les légumes. Porter une grande casserole d'eau à ébullition. Ajoutez la moitié des verts. Porter à ébullition et cuire 10 minutes. À l'aide d'une écumoire, transférez les légumes dans une passoire au-dessus d'un grand bol. Faites cuire les légumes restants de la même manière. Bien égoutter et laisser refroidir. Après refroidissement, coupez les légumes en morceaux.

4. Après 2 heures de cuisson, retirez la viande et le saucisson du bouillon. Jetez les os et coupez la viande et les saucisses en morceaux.

5. Laissez le bouillon refroidir un peu. Retirez le gras du bouillon. Passer le bouillon au tamis fin dans une grande casserole propre. Remettez la viande dans le bouillon. Ajoutez les verts. Porter à ébullition et cuire 30 minutes.

6. Servir chaud, saupoudré de Parmigiano-Reggiano râpé.

Soupe de poisson toscane

Cacciucco

Donne 6 portions

Plus vous mettez de types de poissons dans la marmite pour cette spécialité toscane, meilleur est la soupe.

¼ tasse d'huile d'olive

1 oignon moyen

1 côte de céleri, hachée

1 carotte, hachée

1 gousse d'ail, hachée

2 cuillères à soupe de persil frais haché

Une pincée de poivron rouge moulu

1 feuille de laurier

1 homard vivant (1 à 2 livres)

2 poissons entiers (environ 1 1/2 livres chacun), comme du porgy, du bar, du vivaneau ou du bar, nettoyés et coupés en morceaux (retirer les têtes et réserver)

1/2 tasses de vin blanc sec

1 livre de tomates pelées, épépinées et hachées

1 livre de calamars (calmar), nettoyés et coupés en anneaux de 1 pouce

Tranches de pain italien, grillées

1. Versez l'huile dans une grande casserole. Ajouter l'oignon, le céleri, la carotte, l'ail, le persil, le poivre et le laurier. Cuire à feu moyen, en remuant souvent, jusqu'à ce que les légumes soient tendres et dorés, environ 10 minutes.

2. Placer le homard, côté cavité vers le haut, sur une planche à découper. Ne retirez pas les attaches qui maintiennent les griffes fermées. Protégez votre main avec une serviette épaisse ou un gant de cuisine et saisissez le homard par la queue. Insérez la pointe d'un couteau de chef lourd dans le corps, là où la queue rencontre la poitrine. À l'aide de

ciseaux à volaille, retirez la fine peau recouvrant la viande de la queue. Retirez la veine sombre de la queue, mais laissez le tomalley vert et le corail rouge s'ils sont présents. Mettez la queue de côté. Coupez le corps du homard et les pinces au niveau des articulations en morceaux de 1 à 2 pouces. Frappez les griffes avec le côté émoussé du couteau pour les briser.

3. Ajouter la cavité de la poitrine de homard, les têtes de poisson réservées et les ingrédients dans la casserole. Faire bouillir pendant 10 minutes. Ajouter le vin et cuire 2 minutes. Incorporer les tomates et 4 tasses d'eau. Porter à ébullition et cuire 30 minutes.

4. À l'aide d'une écumoire, retirez la grotte de homard, les têtes de poisson et la feuille de laurier de la marmite et jetez-les. Passer le reste des ingrédients au moulin à légumes dans un grand bol.

5. Rincez la casserole et versez la soupe dessus. Porter le liquide à ébullition. Ajoutez les fruits de mer les plus longs à cuire, par ex. B. calmar. Cuire jusqu'à ce qu'il soit presque tendre, environ 20 minutes. Incorporer la queue de homi,

les pinces et les morceaux de poisson. Cuire jusqu'à ce que le homard et le poisson soient opaques à l'intérieur, encore 10 minutes.

6. Placer des tranches de pain grillé dans chaque bol à soupe. Versez la soupe sur le pain et servez chaud.

Soupe de poisson épaisse

Ciuppin

Donne 6 portions

Vous pouvez utiliser un type de poisson ou plusieurs types pour cette soupe. Pour un goût d'ail, avant d'ajouter la soupe dans les bols, frottez des tranches de pain grillé avec une gousse d'ail cru. Les marins génois ont apporté cette soupe classique à San Francisco, où beaucoup d'entre eux se sont installés. Les San Franciscains appellent leur version Cioppino.

2 1/2 livres d'une variété de filets de poisson fermes à chair blanche, comme le flétan, le bar ou le mahi mahi

1/4 tasse d'huile d'olive

1 carotte moyenne, hachée finement

1 fine côte de céleri, hachée finement

1 oignon moyen, haché

2 gousses d'ail hachées finement

1 tasse de vin blanc sec

1 tasse de tomates fraîches ou en conserve pelées, épépinées et hachées

Sel et poivre noir fraîchement moulu

2 cuillères à soupe de persil frais haché

6 tranches de pain italien ou français, grillées

1. Rincer et sécher les morceaux de poisson. Coupez le poisson en morceaux de 2 pouces et retirez tous les arêtes.

2. Versez l'huile dans une grande casserole. Ajouter les carottes, le céleri, l'oignon et l'ail. Cuire à feu moyen-vif, en remuant souvent, jusqu'à ce qu'il soit tendre et doré, environ 10 minutes. Ajoutez le poisson et laissez cuire encore 10 minutes en remuant de temps en temps.

3. Versez le vin et portez à ébullition. Ajouter les tomates, saler et poivrer au goût. Ajouter de l'eau froide pour couvrir. Porter à ébullition et cuire 20 minutes.

4. Incorporer le persil. Placer une tranche de pain grillé dans chaque bol à soupe. Versez la soupe sur le pain et servez chaud.

Soupe aux fruits de mer, pâtes et haricots

Pâtes et fagioli aux Frutti di Mare

Donne 4 à 6 portions

Les soupes combinant pâtes, haricots et fruits de mer sont populaires dans tout le sud de l'Italie. C'est ma version de ce que j'ai essayé chez Alberto Ciarla, un célèbre restaurant de fruits de mer à Rome.

1 livre de petites palourdes

1 livre de petites palourdes

2 cuillères à soupe d'huile d'olive

2 onces de pancetta, finement hachée

1 oignon moyen, finement haché

2 gousses d'ail hachées finement

Égoutter 3 tasses de haricots cannellini cuits, séchés ou en conserve, égouttés

1 tasse de tomates hachées

1/2 lb de calamars (calmars), coupés en rondelles de 1 pouce

Sel et poivre noir fraîchement moulu

8 onces de spaghettis, cassés en morceaux de 1 pouce

2 cuillères à soupe de persil frais haché

Huile d'olive vierge extra

1. Placer les moules dans l'eau froide à couvert pendant 30 minutes. Frottez-les avec une brosse dure et grattez les barbillons ou les algues. Retirez les moustaches en tirant vers l'extrémité étroite des coquilles. Jetez toutes les palourdes dont la coquille est fissurée ou celles qui ne se ferment pas hermétiquement lorsqu'on les tape. Placer les moules dans une grande casserole avec 1/2 tasse d'eau froide. Couvrir la marmite et porter à ébullition. Cuire jusqu'à ce que les moules s'ouvrent, environ 5 minutes. À l'aide d'une écumoire, transférez les moules dans un bol.

2. Placez les moules dans la marmite et couvrez la poêle. Cuire jusqu'à ce que les moules s'ouvrent, environ 5

minutes. Retirez les moules de la marmite. Filtrez le liquide contenu dans la cafetière à travers un filtre à café en papier dans un bol et réservez.

3. Avec vos doigts, retirez les moules et les palourdes de leur coquille et placez-les dans un bol.

4. Versez l'huile dans une grande casserole. Ajouter la pancetta, l'oignon et l'ail. Cuire à feu moyen-vif, en remuant souvent, jusqu'à ce qu'il soit tendre et doré, environ 10 minutes.

5. Ajouter les haricots, les tomates et les calamars. Ajoutez le jus de crustacés réservé. Porter à ébullition et cuire 20 minutes.

6. Incorporer les fruits de mer et cuire jusqu'à ce qu'ils soient bien cuits, environ 5 minutes.

7. Pendant ce temps, portez à ébullition une grande casserole d'eau. Ajouter les pâtes et le sel au goût. Cuire jusqu'à ce qu'il soit tendre. Égouttez les nouilles et ajoutez-les à la soupe. Si la soupe vous semble trop épaisse, ajoutez un peu de liquide pour pâtes.

8. Incorporer le persil. Servir chaud, arrosé d'huile d'olive extra vierge.

Moules et moules au bouillon de tomates

Comté de Cozze

Donne 4 portions

Vous pouvez le faire avec n'importe quelle moule ou palourde si vous le souhaitez.

2 livres de palourdes

1/ tasses d'huile d'olive

4 gousses d'ail hachées très finement

2 cuillères à soupe de persil frais haché

Une pincée de poivron rouge moulu.

1 tasse de vin blanc sec

3 livres de tomates mûres, pelées, épépinées et hachées ou 2 boîtes (28 à 35 onces) de tomates pelées italiennes importées, hachées

Sel

2 livres de petites palourdes

8 tranches de pain italien ou français, grillées

1 gousse d'ail entière

1. Placer les moules dans l'eau froide à couvert pendant 30 minutes. Frottez-les avec une brosse dure et grattez les barbillons ou les algues. Retirez les moustaches en tirant vers l'extrémité étroite des coquilles. Jetez toutes les palourdes dont la coquille est fissurée ou celles qui ne se ferment pas hermétiquement lorsqu'on les tape.

2. Faites chauffer l'huile dans une grande casserole à feu moyen-vif. Ajouter l'ail haché, le persil et le poivron rouge écrasé et cuire à feu moyen jusqu'à ce que l'ail soit doré, environ 2 minutes. Incorporer le vin et porter à ébullition. Ajoutez les tomates et une pincée de sel. Cuire à feu moyen-vif, en remuant de temps en temps, jusqu'à ce que le mélange épaississe légèrement, environ 20 minutes.

3. Incorporer délicatement les palourdes et les moules. Couvrez la marmite. Cuire jusqu'à ce que les palourdes et

les moules s'ouvrent, 5 à 10 minutes. Jetez ceux qui ne sont pas ouverts.

4. Tartinez le pain grillé avec une gousse d'ail hachée. Placez un morceau de pain dans chaque bol à soupe. Garnir de palourdes et de moules et de leur liquide. Servir chaud.

à utiliser avec d'autres aliments.

Sauce marinara

Salsa marinara

Donne 2 1/2 tasses

L'ail ajoute une saveur distinctive à cette sauce à cuisson rapide de style italien du sud. Les Napolitains écrasent légèrement les clous de girofle avec le côté d'un grand couteau. Cela facilite le retrait de la peau et ouvre les clous de girofle pour libérer leur saveur. Retirez les gousses d'ail entières avant de servir.

J'ajoute du basilic en fin de cuisson pour un goût plus frais. Le basilic séché est un mauvais substitut au persil frais ou à la menthe. Cette sauce est parfaite pour les spaghettis ou autres pâtes séchées.

1/4 tasse d'huile d'olive

2 grosses gousses d'ail, écrasées

Une pincée de poivron rouge moulu

3 livres de tomates italiennes fraîches, pelées, épépinées et coupées en dés, ou 1 boîte (28 onces) de tomates italiennes pelées avec du jus passé au moulin

sel au goût

4 feuilles de basilic frais déchirées en morceaux

1. Versez l'huile dans une casserole moyenne. Ajouter l'ail et le poivron rouge. Cuire à feu moyen-vif, en retournant l'ail une ou deux fois jusqu'à ce qu'il soit doré (environ 5 minutes). Retirez l'ail de la poêle.

2. Ajouter les tomates et le sel au goût. Cuire pendant 20 minutes, en remuant de temps en temps, ou jusqu'à ce que la sauce épaississe.

3. Éteignez le feu et incorporez le basilic. Servir chaud. Il peut être préparé à l'avance et conservé dans un récipient bien fermé au réfrigérateur jusqu'à 5 jours ou au congélateur jusqu'à 2 mois.

Sauce aux tomates fraîches

Salsa Leggero

Donne 3 tasses

Cette sauce est inhabituelle dans la mesure où elle ne commence pas avec les oignons ou l'ail habituels cuits dans l'huile d'olive ou le beurre. Au lieu de cela, les arômes sont cuits avec les tomates pour donner à la sauce une subtile saveur végétale. Servir avec quelques pâtes fraîches ou comme sauce pour une frittata ou autre omelette.

4 livres de tomates italiennes mûres, pelées, épépinées et hachées

1 carotte moyenne, hachée

1 oignon moyen, haché

1 petite côte de céleri, hachée

sel au goût

6 feuilles de basilic frais déchirées en petits morceaux

¼ tasse d'huile d'olive extra vierge

1. Dans une grande casserole à fond épais, mélanger les tomates, les carottes, l'oignon, le céleri, une pincée de sel et le basilic. Couvrir la casserole et cuire à feu moyen-vif jusqu'à ce que le mélange bout. Couvrir et cuire, en remuant de temps en temps, pendant 20 minutes ou jusqu'à ce que la sauce épaississe.

2. Laissez refroidir légèrement. Passer la sauce au moulin ou réduire en purée dans un robot culinaire ou un mixeur. Réchauffer délicatement et assaisonner de poivre. incorporer l'huile. Servir chaud. Il peut être préparé à l'avance et conservé dans un récipient bien fermé au réfrigérateur jusqu'à 5 jours ou au congélateur jusqu'à 2 mois.

Sauce tomate à la sicilienne

Salsa di Pomodoro à la Sicilienne

Donne environ 3 tasses

J'ai vu Anna Tasca Lanza, qui dirige une école de cuisine dans la cave familiale Regaleali en Sicile, préparer de la sauce tomate de cette façon. Le tout passe dans une casserole et lorsqu'elle a suffisamment mijoté, la sauce est broyée au moulin pour enlever les pépins de tomates. Le beurre et l'huile d'olive, ajoutés en fin de cuisson, enrichissent et adoucissent la sauce. Servir avec des gnocchis de pommes de terre ou des fettuccines fraîches.

3 livres de tomates mûres

1 oignon moyen, tranché finement

1 gousse d'ail, hachée finement

2 cuillères à soupe de basilic frais haché

Une pincée de poivron rouge moulu

¼ tasse d'huile d'olive

1 cuillère à soupe de beurre non salé

1. Si vous utilisez un moulin à tomates pour réduire en purée, coupez-les en quatre dans le sens de la longueur et passez à l'étape 2. Si vous utilisez un robot culinaire ou un mixeur, épluchez d'abord les tomates : portez à ébullition une casserole moyenne d'eau. Ajoutez les tomates quelques unes à la fois et laissez cuire 1 minute. Retirer avec une écumoire et placer dans un bol d'eau froide. Répétez avec les tomates restantes. Épluchez les tomates, retirez les pépins et grattez les pépins.

2. Dans une grande casserole, mélanger les tomates, l'oignon, l'ail, le basilic et le poivron rouge broyé. Couvrir et porter à ébullition. Cuire à feu doux pendant 20 minutes ou jusqu'à ce que l'oignon ramollisse. Laissez refroidir légèrement.

3. Si nécessaire, passez le mélange au moulin ou réduisez-le en purée dans un mixeur ou un robot culinaire. Remettez la purée dans la marmite. Ajouter le basilic, le poivron rouge et le sel au goût.

4. Réchauffez la sauce juste avant de servir. Retirer du feu et incorporer l'huile d'olive et le beurre. Servir chaud. Il peut être préparé à l'avance et conservé dans un récipient bien fermé au réfrigérateur jusqu'à 5 jours ou au congélateur jusqu'à 2 mois.

Sauce tomate à la toscane

Salsa di Pomodoro de Toscane

Donne 3 tasses

Le soffritto est un mélange de légumes aromatiques hachés, généralement des oignons, des carottes et du céleri, cuits dans du beurre ou de l'huile jusqu'à ce qu'ils soient tendres et légèrement dorés. C'est la base aromatique de nombreuses sauces, soupes et ragoûts et constitue une technique de base de la cuisine italienne. De nombreux cuisiniers italiens rassemblent tous les ingrédients du soffritto dans une poêle froide, puis allument le feu. De cette façon, tous les ingrédients sont cuits doucement et rien ne devient trop brun ou trop cuit. La méthode alternative, où l'huile est d'abord chauffée puis les ingrédients hachés sont ajoutés, présente un risque de surchauffe de l'huile. Les légumes peuvent brunir, être trop cuits et amers. Cette sauce tomate à la toscane commence par un soffritto de légumes ordinaires et de l'ail cuit dans l'huile d'olive.

4 cuillères à soupe d'huile d'olive

1 oignon moyen, finement haché

1/2 tasse de carottes hachées

1/4 tasse de céleri haché

1 petite gousse d'ail hachée

3 livres de tomates italiennes fraîches et mûres, pelées, épépinées et finement hachées, ou 1 boîte (28 onces) de tomates pelées italiennes importées avec du jus passé dans un moulin à aliments

1/2 tasse de bouillon de poulet

Une pincée de poivron rouge moulu

Sel

2 ou 3 feuilles de basilic déchirées

1. Versez l'huile dans une casserole moyenne. Ajouter l'oignon, la carotte, le céleri et l'ail. Cuire à feu moyen, en remuant de temps en temps, jusqu'à ce que les légumes soient tendres et dorés, environ 15 minutes.

1 boîte (28 onces) de tomates pelées italiennes importées avec du jus, hachées

1 cuillère à café d'origan séché, écrasé

Sel

1. Dans une grande poêle, faire revenir l'ail dans l'huile à feu moyen-vif jusqu'à ce qu'il soit doré, environ 2 minutes. Incorporer le poivron rouge moulu.

2. Ajouter les tomates, l'origan et le sel au goût. Portez la sauce à ébullition. Cuire, en remuant de temps en temps, pendant 20 minutes ou jusqu'à ce que la sauce épaississe. Servir chaud. Il peut être préparé à l'avance et conservé dans un récipient bien fermé au réfrigérateur jusqu'à 5 jours ou au congélateur jusqu'à 2 mois.

"Fausse" sauce à la viande

Sugo Finto

Donne environ 6 tasses

Sugo Finto signifie « mauvaise sauce », un nom particulier pour une sauce si délicieuse et si saine qui, selon mon ami Lars Leicht, est largement utilisée dans le centre de l'Italie. Cette recette vient de sa tante qui vit en dehors de Rome. C'est tellement plein de saveur qu'on pourrait croire qu'il contient de la viande. La sauce est parfaite lorsque vous voulez quelque chose de plus complexe qu'une simple sauce tomate mais que vous ne voulez pas ajouter de viande. Cette recette en fait beaucoup, mais vous pouvez facilement la couper en deux si vous le souhaitez.

¼ tasse d'huile d'olive

1 oignon jaune moyen, haché finement

2 petites carottes pelées et hachées finement

2 gousses d'ail hachées finement

4 feuilles de basilic frais hachées

1 petit piment séché écrasé ou une pincée de piment rouge écrasé

1 tasse de vin blanc sec

2 boîtes (28 à 35 onces chacune) de tomates séchées au soleil italiennes importées avec jus ou 6 livres de tomates italiennes fraîches, pelées, épépinées et hachées

1. Dans une grande poêle, mélanger l'huile, l'oignon, la carotte, l'ail, le basilic et le piment. Cuire à feu moyen, en remuant de temps en temps, jusqu'à ce que les légumes soient tendres et dorés, environ 10 minutes.

2. Ajoutez le vin et portez à ébullition. Faire bouillir pendant 1 minute.

3. Ajoutez les tomates dans la casserole au moulin ou réduisez-les en purée dans un mélangeur ou un robot culinaire. Porter à ébullition et réduire le feu. Assaisonnez avec du sel. Cuire, en remuant de temps en temps, pendant 30 minutes ou jusqu'à ce que la sauce épaississe. Servir

chaud. Il peut être préparé à l'avance et conservé dans un récipient bien fermé au réfrigérateur jusqu'à 5 jours ou au congélateur jusqu'à 2 mois.

sauce rose

Salsa di pomodoro à la panna

Donne environ 3 tasses

La crème épaisse adoucit cette belle sauce rose. Servir avec des raviolis ou des gnocchis verts.

1/4 tasse de beurre non salé

1/4 tasse d'échalotes fraîches hachées

3 livres de tomates fraîches, pelées, épépinées et coupées en dés, ou 1 (28 onces) peuvent importer des tomates pelées italiennes avec du jus

Sel et poivre noir fraîchement moulu

1/2 tasse de crème épaisse

1. Faire fondre le beurre dans une grande casserole à feu moyen. Ajouter les échalotes et cuire jusqu'à ce qu'elles soient dorées, environ 3 minutes. Ajouter les tomates, saler et poivrer et cuire en remuant constamment jusqu'à ce que

la sauce bout. Si vous utilisez des tomates en conserve, hachez-les avec une cuillère. Cuire, en remuant de temps en temps, jusqu'à ce que la sauce épaississe, environ 20 minutes. Laissez refroidir légèrement.

2. Passer le mélange de tomates au moulin à légumes. Remettez la sauce dans la casserole et faites chauffer à feu moyen-vif. Ajouter la crème et cuire 1 minute ou jusqu'à ce qu'elle épaississe légèrement. Servir chaud.

Sauce tomate aux oignons

Salsa di Pomodoro à l'oignon

Donne 2 1/2 tasses

Les sucres naturels de l'oignon complètent la douceur du beurre de cette sauce. Cette sauce fonctionne également bien avec des échalotes au lieu d'oignons.

3 cuillères à soupe de beurre non salé

1 cuillère d'huile d'olive

1 petit oignon haché très finement

3 livres de tomates italiennes, pelées, épépinées et coupées en dés, ou 1 boîte (28 onces) de tomates pelées italiennes importées avec du jus passé dans un moulin à aliments

Sel et poivre noir fraîchement moulu au goût

1. Dans une casserole moyenne, faire fondre le beurre avec l'huile à feu moyen-vif. Ajouter l'oignon et cuire, en remuant une ou deux fois, jusqu'à ce que l'oignon soit tendre et doré, environ 7 minutes.

2.Ajouter les tomates, le sel et le poivre. Porter la sauce à ébullition et cuire 20 minutes ou jusqu'à épaississement.

Sauce à la tomate rôtie

Salsa de Pomodoro Arrostito

Donne assez pour 1 livre de pâtes

Même les tomates fraîches imparfaites peuvent être cuites de cette façon. Vous pouvez utiliser une seule variété de tomates ou plusieurs variétés. La combinaison de tomates rouges et jaunes est particulièrement belle. Le basilic ou le persil sont des choix évidents pour les herbes, mais vous pouvez également utiliser un mélange de ciboulette, de romarin, de menthe ou tout ce que vous avez sous la main.

J'aime pré-rôtir puis mélanger la sauce à température ambiante avec des pâtes chaudes comme des penne ou des fusilli. Mon amie Suzie O'Rourke me dit que sa façon préférée de le servir en apéritif est sur des tranches de pain italien grillées.

2 1/2 livres de tomates rondes, prunes, cerises ou raisins

4 gousses d'ail hachées très finement

Sel

Une pincée de poivron rouge moulu

1/2 tasse d'huile d'olive

1/2 tasse de basilic frais haché, de persil ou d'autres herbes

1. Placez une grille au centre du four. Préchauffer le four à 400° F. Beurrer un plat allant au four non réactif de 13 x 9 x 2 pouces.

2. Hachez grossièrement les tomates italiennes ou italiennes en morceaux de 1/2 pouce. Coupez les tomates cerises ou raisins en moitiés ou en quartiers.

3. Répartissez les tomates dans la poêle. Saupoudrer d'ail, de sel et de poivron rouge broyé. Arroser d'huile et mélanger délicatement.

4. Cuire au four de 30 à 45 minutes ou jusqu'à ce que les tomates soient légèrement dorées. Sortez les tomates du four et incorporez les herbes. Servez chaud ou à température ambiante.

Ragù à la manière des Abruzzes

Ragoût des Abruzzes

Donne environ 7 tasses

Les légumes de ce ragoût sont laissés entiers et une partie de la viande est cuite avec les os. A la fin de la cuisson, les légumes et les os détachés sont retirés. La viande est généralement retirée de la sauce et servie comme deuxième plat. Servez cette sauce avec des formes de pâtes robustes comme les rigatoni.

3 cuillères à soupe d'huile d'olive

1 livre d'épaule de porc avec os, coupée en morceaux de 2 pouces

1 livre de cou ou d'épaule d'agneau avec os, coupé en morceaux de 2 pouces

1 livre de veau désossé, coupé en morceaux de 1 pouce

1/2 tasses de vin rouge sec

2 cuillères à soupe de concentré de tomate

4 livres de tomates fraîches, pelées, épépinées et hachées, ou 2 boîtes (28 onces) de tomates pelées italiennes importées avec du jus, passées au moulin

2 tasses d'eau

Sel et poivre noir fraîchement moulu

1 oignon moyen

1 côte de céleri

1 carotte moyenne

1. Dans une grande casserole à fond épais, chauffer l'huile à feu moyen-vif. Ajouter la viande et cuire, en remuant de temps en temps, jusqu'à ce qu'elle soit légèrement dorée.

2. Ajouter le vin et cuire jusqu'à ce que la majeure partie du liquide soit évaporée. Incorporer la purée de tomates. Ajouter les tomates, l'eau, le sel et le poivre au goût.

3. Ajouter les légumes et porter à ébullition. Couvrir la marmite et cuire, en remuant de temps en temps, jusqu'à ce que la viande soit très tendre, environ 3 heures. Si la sauce

semble fine, découvrez-la et faites cuire jusqu'à ce qu'elle réduise un peu.

4. Laissez-le refroidir. Retirez tous les os et légumes détachés.

5. Réchauffer avant de servir ou couvrir et conserver au réfrigérateur jusqu'à 3 jours ou au congélateur jusqu'à 3 mois.

Ragoût napolitain

Ragoût à la Napolitaine

Donne environ 8 tasses

Ce copieux ragoût, composé de diverses coupes de bœuf et de porc, est considéré par de nombreux Italiens et Américains comme une « sauce » prête pour le déjeuner ou le dîner du dimanche. Il est idéal pour mélanger avec des pâtes audacieuses telles que des pétoncles ou des rigatoni, et pour être utilisé dans des plats de pâtes cuites au four tels que<u>Lasagne napolitaine</u>.

Les boulettes de viande sont ajoutées à la sauce en fin de cuisson, vous pouvez donc les préparer pendant que la sauce mijote.

2 cuillères à soupe d'huile d'olive

1 livre d'os de cou de porc charnus ou de côtes levées

1 livre de nourriture pour bœuf en un seul morceau

1 livre de saucisses italiennes avec du porc ordinaire ou au fenouil

4 gousses d'ail légèrement écrasées

1/4 tasse de concentré de tomate

3 (28 à 35 oz) peuvent importer des tomates pelées italiennes

Sel et poivre noir fraîchement moulu au goût

6 feuilles de basilic frais déchirées en petits morceaux

1 recetteBoulettes de viande napolitaines, taille plus grande

2 tasses d'eau

1. Dans une grande casserole à fond épais, chauffer l'huile à feu moyen-vif. Séchez le porc et ajoutez les morceaux dans la casserole. Cuire, en retournant de temps en temps, pendant environ 15 minutes ou jusqu'à ce qu'ils soient bien dorés de tous les côtés. Disposez le porc dans une assiette. Faites frire le bœuf de la même manière et retirez-le de la marmite.

2. Mettez les saucisses dans la marmite et faites-les frire de tous les côtés. Mettez les saucisses de côté avec l'autre viande.

3. Égoutter la majeure partie de la graisse. Ajouter l'ail et cuire 2 minutes ou jusqu'à ce qu'il soit doré. Jetez l'ail. incorporer la pâte de tomate; Faire bouillir pendant 1 minute.

4. À l'aide d'un robot culinaire, broyez les tomates et leur jus dans la casserole. Ou pour une sauce plus épaisse, hachez les tomates. Ajoutez 2 tasses d'eau, du sel et du poivre. Ajouter le porc, le bœuf, les saucisses et le basilic. Portez la sauce à ébullition. Couvrir partiellement la casserole et cuire à feu doux pendant 2 heures en remuant de temps en temps. Si la sauce est trop épaisse, ajoutez un peu d'eau.

5. Pendant ce temps, préparez les boulettes de viande. Lorsque la sauce est presque prête, ajoutez les boulettes de viande à la sauce. Laisser mijoter 30 minutes ou jusqu'à ce que la sauce épaississe et que la viande soit très tendre. Retirez la viande de la sauce et servez-la comme deuxième plat ou comme plat séparé. Servir la sauce chaude. Couvrir

et conserver dans un contenant hermétique au réfrigérateur jusqu'à 3 jours ou au congélateur jusqu'à 2 mois.

Ragoût de Saucisse

Ragoût de Salsiccia

Donne 4 1/2 tasses

De petits morceaux de chair de saucisse de porc italienne étudient cette sauce du sud de l'Italie. Si vous aimez les plats épicés, utilisez des hot-dogs. Servez cette sauce<u>Tortellinis aux pommes de terre</u>ou des pâtes épaisses comme des pétoncles ou des rigatoni.

1 livre de saucisses de porc italiennes nature

2 cuillères à soupe d'huile d'olive

2 gousses d'ail hachées finement

1/2 tasses de vin blanc sec

3 livres de tomates italiennes fraîches, pelées, épépinées et coupées en dés, ou 1 boîte (28 onces) de tomates italiennes pelées avec du jus passé au moulin

Sel et poivre noir fraîchement moulu

3 à 4 feuilles de basilic frais déchirées en morceaux

1. Retirez la saucisse des boyaux. Hachez finement la viande.

2. Faites chauffer l'huile dans une grande casserole à feu moyen-vif. Ajouter les saucisses et l'ail. Cuire en remuant fréquemment jusqu'à ce que le porc soit légèrement doré, environ 10 minutes. Ajoutez le vin et portez à ébullition. Cuire jusqu'à ce que la majeure partie du vin soit évaporée.

3. Incorporer les tomates et saler au goût. Porter à ébullition. Réduire le feu au minimum. Cuire en remuant de temps en temps jusqu'à ce que la sauce épaississe, environ 1 heure et 30 minutes. Incorporer le basilic juste avant de servir. Servir chaud. Il peut être préparé à l'avance et conservé dans un contenant hermétique au réfrigérateur jusqu'à 3 jours ou au congélateur jusqu'à 2 mois.

Ragoût façon conte de fées

Ragoût de viande à la Marchigiana

Donne environ 5 tasses

Campofilone, dans la région des Marches, au centre de l'Italie, accueille chaque année un festival de pâtes qui attire des visiteurs du monde entier. Le point culminant du festival sont les maccheroncini, des nouilles aux œufs roulées à la main servies avec cette savoureuse sauce à la viande. Un mélange d'herbes et une pincée de clous de girofle donnent à ce ragoût un goût particulier. Un peu de lait ajouté en fin de cuisson donne une surface lisse. Si vous préparez cette sauce à l'avance, ajoutez le lait juste avant de servir. Servi avec des fettuccines.

1 tasse maisonSoupe à la viandeou bouillon de boeuf du magasin

1/4 tasse d'huile d'olive

1 petit oignon, finement haché

1 côte de céleri, hachée

1 carotte, hachée

1 cuillère à soupe de persil frais haché

2 cuillères à café de romarin frais haché

1 cuillère à café de thym frais haché

1 feuille de laurier

1 livre de paleron de bœuf désossé, coupé en morceaux de 2 pouces

1 boîte (28 onces) de tomates pelées italiennes importées, égouttées et passées au moulin

Une pincée de clous de girofle moulus

Sel et poivre noir fraîchement moulu

1/2 tasse de lait

1. Si nécessaire, préparez le bouillon. Versez l'huile dans une grande casserole. Ajouter les légumes et les herbes et cuire à feu moyen-vif, en remuant de temps en temps, pendant

15 minutes ou jusqu'à ce que les légumes soient tendres et dorés.

2. Ajouter le bœuf et cuire en remuant fréquemment jusqu'à ce que la viande soit dorée. Saupoudrez de sel et de poivre. Ajouter la purée de tomates, le bouillon et les clous de girofle. Porter à ébullition. Couvrir partiellement la poêle et cuire, en remuant de temps en temps, jusqu'à ce que la viande soit tendre et que la sauce soit épaisse (environ 2 heures).

3. Retirez la pulpe, égouttez-la et hachez-la finement. Mélangez la viande hachée dans la sauce.

4. Ajouter le lait et chauffer 5 minutes avant de servir. Servir chaud. Il peut être préparé à l'avance et conservé dans un contenant hermétique au réfrigérateur jusqu'à 3 jours ou au congélateur jusqu'à 2 mois.

Sauce à la viande toscane

Ragoût à la Toscane

Donne 8 tasses

Les épices et le zeste de citron ajoutent une saveur sucrée à ce ragoût de bœuf et de porc. Servir avec<u>boire</u>.

4 cuillères à soupe de beurre non salé

1/4 tasse d'huile d'olive

4 onces de jambon italien importé, haché

2 carottes moyennes

2 oignons rouges moyens

1 grosse côte de céleri, hachée

1/4 tasse de persil plat frais haché

1 livre de paleron de bœuf désossé, coupé en morceaux de 2 pouces

8 onces de saucisses douces italiennes ou de porc haché

2 livres de tomates fraîches ou 1 (28 onces) de tomates pelées italiennes en dés

2 tasses maisonSoupe à la viandeou bouillon de boeuf du magasin

1/2 tasses de vin rouge sec

1/2 cuillères à café de zeste de citron râpé

Une pincée de cannelle

une pincée de muscade

Sel et poivre noir fraîchement moulu au goût

1. Dans une grande casserole, faire fondre le beurre avec l'huile d'olive à feu moyen-vif. Ajouter le jambon et les légumes hachés et cuire 15 minutes en remuant fréquemment.

2. Incorporer la viande et cuire, en remuant fréquemment, jusqu'à ce qu'elle soit dorée, environ 20 minutes.

3. Ajoutez les tomates, le bouillon, le vin, le zeste de citron, la cannelle, la muscade, ainsi que le sel et le poivre au goût. Portez le mélange à ébullition. Cuire, en remuant de temps en temps, jusqu'à ce que la sauce épaississe, environ 2 heures.

4. Retirez les morceaux de bœuf de la marmite. Placez-les sur une planche à découper et coupez-les en petits morceaux. Mélangez la viande hachée à la sauce. Servir chaud. Il peut être préparé à l'avance et conservé dans un contenant hermétique au réfrigérateur jusqu'à 3 jours ou au congélateur jusqu'à 2 mois.

Ragoût à la bolognaise

Sauce bolognaise

Donne environ 5 tasses

Vous pouvez acheter de nombreux types de pâtes fraîches aux œufs chez Tamburini, la meilleure boutique gastronomique et plats à emporter de Bologne. Les plus célèbres sont les tortellini, des anneaux de pâtes de la taille d'un nickel fourrés à la mortadelle, une saucisse de porc légèrement assaisonnée. Les tortellini sont servis soit en bouillon, "bouillon", alla panna, dans une sauce à la crème épaisse ou de préférence en al ragu avec une riche sauce à la viande. La cuisson longue et lente du soffritto – légumes aromatiques et pancetta – confère au ragù bolognaise une saveur profonde et riche.

2 tasses maisonSoupe à la viandeou bouillon de boeuf du magasin

2 cuillères à soupe de beurre non salé

2 cuillères à soupe d'huile d'olive

2 onces de pancetta, finement hachée

2 petites carottes pelées et hachées finement

1 oignon finement haché

1 fine côte de céleri, hachée finement

8 onces de veau haché

8 onces de porc haché

8 onces de bœuf haché

1/2 tasses de vin rouge sec

3 cuillères à soupe de concentré de tomate

1/4 cuillères à café de muscade moulue

Sel et poivre noir fraîchement moulu

1 tasse de lait

1. Si nécessaire, préparez le bouillon. Dans une grande casserole, faire fondre le beurre avec l'huile à feu moyen. Ajoutez la pancetta, la carotte, l'oignon et le céleri. Cuire le mélange à feu doux, en remuant de temps en temps, jusqu'à

ce que toutes les saveurs soient très douces et prennent une riche couleur dorée (environ 30 minutes). Si les ingrédients dorent trop, ajoutez un peu d'eau tiède.

2. Ajoutez la viande et mélangez bien. Cuire en remuant fréquemment pour briser les grumeaux, jusqu'à ce que la viande ne soit plus rose mais non dorée (environ 15 minutes).

3. Ajouter le vin et laisser mijoter environ 2 minutes jusqu'à ce que le liquide s'évapore. Mélanger la purée de tomates, le bouillon, la muscade et assaisonner avec du sel et du poivre au goût. Portez le mélange à ébullition. Cuire à feu doux, en remuant de temps en temps, jusqu'à ce que la sauce épaississe, environ 2 1/2 à 3 heures. Si la sauce est trop épaisse, ajoutez un peu de bouillon ou d'eau.

4. Incorporer le lait et cuire encore 15 minutes. Servir chaud. Il peut être préparé à l'avance et conservé dans un contenant hermétique au réfrigérateur jusqu'à 3 jours ou au congélateur jusqu'à 2 mois.

Ragoût de Canard

Ragu di Anatra

Donne environ 5 tasses

Les canards sauvages prospèrent dans les lagons et les marais de Venise, et les chefs locaux les utilisent pour préparer des plats étonnants. C'est ainsi qu'ils sont rôtis, mijotés ou préparés au Ragu. La riche sauce gay se déguste avec des bigoli, d'épais spaghettis de blé entier préparés avec un torcio, une presse à pâtes roulées à la main. Bien qu'ils ne soient pas aussi savoureux que la variété sauvage, les canards domestiques frais constituent un bon substitut. Je sers la sauce avec des fettuccines et des morceaux de canard en deuxième plat.

Faites couper le canard en quartiers par un boucher ou faites-le vous-même à l'aide de ciseaux à volaille ou d'un grand couteau de chef. Si vous préférez ne pas l'utiliser, omettez simplement le foie.

1 caneton (environ 5 1/2 livres)

2 cuillères à soupe d'huile d'olive

Sel et poivre noir fraîchement moulu au goût

2 onces de pancetta, hachée

2 oignons moyens, hachés

2 carottes moyennes, hachées

2 côtes de céleri, hachées

6 feuilles de sauge fraîche

Une pincée de muscade fraîchement râpée

1 tasse de vin blanc sec

2 1/2 tasses de tomates fraîches pelées, épépinées et hachées

1. Rincez le canard à l'intérieur et à l'extérieur, en enlevant toute graisse détachée de la cavité. Coupez le canard en 8 morceaux avec des ciseaux à volaille. Commencez par couper le canard le long de la colonne vertébrale. Ouvrez le canard comme un livre. A l'aide d'un couteau bien aiguisé, coupez le canard en deux dans le sens de la longueur entre les deux côtés du magret. Coupez la cuisse de la poitrine.

Séparez la jambe et la cuisse au niveau de l'articulation. Séparez l'aile et la poitrine au niveau de l'articulation. Si vous utilisez du foie, coupez-le en dés et réservez.

2. Dans une grande casserole à fond épais, chauffer l'huile à feu moyen-vif. Séchez les morceaux de canard avec du papier absorbant. Ajouter les morceaux de canard et les faire revenir jusqu'à ce qu'ils soient dorés de tous les côtés, en remuant de temps en temps. Saupoudrez de sel et de poivre. Retirer le canard dans une assiette. Coupez tout sauf 2 cuillères à soupe de graisse.

3. Ajouter la pancetta, l'oignon, la carotte, le céleri et la sauge dans la poêle. Cuire 10 minutes, en remuant de temps en temps, jusqu'à ce que les légumes soient tendres et dorés. Ajoutez le vin et laissez cuire 1 minute.

4. Remettez le canard dans la marmite et ajoutez les tomates et l'eau. Porter le liquide à ébullition. Couvrir partiellement la marmite et cuire, en remuant de temps en temps, pendant 2 heures ou jusqu'à ce que le canard soit tendre lorsqu'on le pique avec une fourchette. Si nécessaire, incorporez le foie de canard. Retirez la casserole du feu.

Laisser refroidir légèrement puis retirer la graisse de la surface. Retirez les morceaux de viande de la sauce à l'aide d'une écumoire et disposez-les sur une assiette. Couvrir pour garder au chaud.

5. La sauce est servie avec des fettuccines cuites chaudes, suivies de viande de canard en deuxième plat. Le repas entier peut être préparé jusqu'à 2 jours à l'avance, conservé dans un contenant hermétique et réfrigéré.

Ragoût de lapin ou de poulet

Ragu di Coniglio ou Pollo

Donne 3 tasses

Notre dîner de Pâques commençait traditionnellement par des pâtes au ragoût de lapin. Pour ceux de la famille qui n'aiment pas manger du lapin, ma mère ferait la même sauce avec du poulet. Compte tenu de la fadeur de la viande de lapin, j'ai toujours trouvé le ragoût de poulet beaucoup plus savoureux. Demandez au boucher de découper votre lapin ou votre poulet.

1 petit lapin ou poulet, coupé en 8 morceaux

2 cuillères à soupe d'huile d'olive

1 boîte (28 onces) de tomates pelées italiennes importées avec du jus, hachées

1 oignon moyen, finement haché

1 carotte moyenne, hachée finement

1 gousse d'ail, hachée finement

1/2 tasses de vin blanc sec

1 cuillère à café de romarin frais haché

Sel et poivre noir fraîchement moulu

1. Chauffer l'huile dans une grande poêle à feu moyen-vif. Séchez les morceaux de viande de lapin ou de poulet et saupoudrez de sel et de poivre. Placez-les dans une poêle et faites-les rôtir de tous les côtés pendant environ 20 minutes.

2. Retirez les morceaux sur l'assiette. Retirez tout le gras de la poêle sauf 2 cuillères à soupe.

3. Ajouter l'oignon, la carotte, l'ail et le romarin dans la poêle. Cuire en remuant fréquemment jusqu'à ce que les légumes soient tendres et légèrement dorés. Ajoutez le vin et laissez cuire 1 minute. Pressez les tomates avec leur jus dans un moulin ou réduisez-les en purée dans un mélangeur ou un robot culinaire et ajoutez-les à la casserole. Ajoutez du sel et du poivre au goût. Réduisez le feu à doux et couvrez partiellement la poêle. Cuire 15 minutes en remuant de temps en temps.

4. Remettez la viande dans la poêle. Cuire pendant 20 minutes, en remuant de temps en temps, jusqu'à ce que la viande soit tendre et tombe facilement ou se détache des os. Retirez les morceaux de viande de la sauce à l'aide d'une écumoire et disposez-les sur une assiette. Couvrir pour garder au chaud.

5. Servir la sauce sur des fettuccines cuites et chaudes, suivies de lapin ou de poulet en deuxième plat. Il peut être préparé à l'avance et conservé dans un contenant hermétique au réfrigérateur jusqu'à 3 jours ou au congélateur jusqu'à 2 mois.

Ragoût de cèpes et viande

Ragu di funghi et viande

Donne environ 6 tasses

Bien que l'on ait beaucoup écrit sur les grosses truffes blanches du Piémont, les champignons, que les Français appellent cèpes, constituent un tout aussi grand trésor de la région. Après la pluie, les épais chapeaux bruns des champignons sont soutenus par de courtes tiges blanc crème qui leur donnent un aspect dodu. Son nom signifie petits cochons. Grillé ou rôti avec de l'huile d'olive et des herbes, la saveur du champignon est douce et noisette. Les porcs frais ne sont disponibles qu'au printemps et à l'automne, et les cuisiniers de la région comptent sur les porcs séchés pour le reste de l'année pour ajouter une saveur riche et boisée aux sauces et aux ragoûts.

Les champignons séchés sont généralement vendus dans des emballages en plastique transparent ou en cellophane. Recherchez de grosses tranches entières avec un minimum de miettes et de débris au fond du sac. La date d'expiration devrait être d'ici un an. La saveur s'estompe à mesure que les champignons vieillissent. Conservez les champignons séchés dans un récipient bien fermé.

1 1/2 tasses maison pain de viande Hou bouillon de boeuf du magasin

1 once de champignons séchés

2 tasses d'eau tiède

2 cuillères à soupe d'huile d'olive

2 onces de pancetta hachée

1 carotte, hachée

1 oignon moyen, haché

1 côte de céleri, hachée

1 gousse d'ail hachée très finement

1 1/2 livres de veau haché

1/2 tasses de vin blanc sec

Sel et poivre noir fraîchement moulu

1 tasse de tomates italiennes importées fraîches ou en conserve hachées

1/4 cuillère à café de muscade fraîchement râpée

1. Si nécessaire, préparez le bouillon. Dans un bol moyen, faire tremper les champignons dans l'eau pendant 30 minutes. Retirez les champignons du liquide de trempage. Filtrez le liquide à travers un filtre à café en papier ou un morceau de gaze humide dans un bol propre et réservez. Rincez les champignons sous l'eau courante, en accordant une attention particulière à la base où la terre s'accumule. Hachez finement les champignons.

2. Versez l'huile dans une grande casserole. Ajouter la pancetta et cuire à feu moyen pendant environ 5 minutes. Ajouter la carotte, l'oignon, le céleri et l'ail et cuire encore 10 minutes, en remuant fréquemment, jusqu'à ce qu'ils soient tendres et dorés. Ajouter le veau et cuire jusqu'à ce qu'il soit légèrement doré. Remuez fréquemment pour briser les grumeaux. Ajoutez le vin et laissez cuire 1 minute. Assaisonnez avec du sel et du poivre.

3. Ajouter les tomates, les champignons, la muscade et le liquide de champignons réservé. Porter à ébullition. Laisser mijoter pendant 1 heure ou jusqu'à ce que la sauce épaississe. Servir chaud. Il peut être préparé à l'avance et conservé dans un contenant hermétique au réfrigérateur jusqu'à 3 jours ou au congélateur jusqu'à 2 mois.

Ragoût de porc aux herbes fraîches

Ragu di Maiale

Donne 6 tasses

À Natal Liberale, dans les Pouilles, mon mari et moi avons mangé ce ragoût de porc haché sur trocoli, des spaghettis carrés frais, semblables aux pâtes à la chitarra des Abruzzes. Il a été réalisé par sa mère, Enza, qui m'a montré comment utiliser un rouleau à pâtisserie en bois spécial cranté pour couper des feuilles de pâtes aux œufs faites maison. Le ragù se marie également bien avec les orecchiette ou les fettuccines fraîches.

Grâce à la variété des herbes, le ragoût Enza est unique. Lors de la cuisson, ils approfondissent le goût de la sauce. Les herbes fraîches sont idéales, mais congelées ou séchées peuvent être remplacées, même si j'évite le basilic séché, qui est désagréable. Si vous n'avez pas de basilic, remplacez-le par du persil frais.

4 cuillères à soupe d'huile d'olive

1 oignon moyen, finement haché

1/2 tasse de basilic frais ou de persil plat haché

1/4 tasse de feuilles de menthe fraîche hachées ou 1 cuillère à café séchée

1 cuillère à soupe de sauge fraîche hachée ou 1 cuillère à café séchée

1 cuillère à café de romarin frais haché ou 1/2 cuillère à café séchée

1/2 cuillères à café de graines de fenouil

1 livre de porc haché

Sel et poivre noir fraîchement moulu

1/2 tasses de vin rouge sec

1 boîte (28 onces) de tomates pelées italiennes importées avec du jus, hachées

1. Mettez l'huile, l'oignon, toutes les herbes et les graines de fenouil dans une grande casserole et baissez le feu à moyen.

Cuire, en remuant de temps en temps, jusqu'à ce que l'oignon soit tendre et doré, environ 10 minutes.

2. Incorporer le porc, puis saler et poivrer au goût. Cuire jusqu'à ce que le porc ne soit plus rose, environ 10 minutes, en remuant fréquemment pour briser les grumeaux. Ajouter le vin et cuire 5 minutes. Incorporer les tomates et cuire 1 heure ou jusqu'à ce que la sauce épaississe. Servir chaud. Il peut être préparé à l'avance et conservé dans un contenant hermétique au réfrigérateur jusqu'à 3 jours ou au congélateur jusqu'à 2 mois.

Ragoût à la viande de truffe

Ragu Tartufato

Donne 5 tasses

En Ombrie, les truffes noires cultivées dans la région sont ajoutées au ragù en fin de cuisson. Ils ajoutent une saveur boisée particulière à la sauce.

Vous pouvez omettre la truffe ou utiliser une truffe disponible dans les magasins spécialisés. Une autre alternative consiste à utiliser une petite quantité d'huile de truffe. N'en utilisez qu'une petite quantité car le goût peut être accablant. Servez cette sauce avec des fettuccines fraîches. La sauce est si riche que le fromage râpé n'est pas nécessaire.

1 once de champignons séchés

2 tasses d'eau chaude

2 cuillères à soupe de beurre non salé

8 onces de porc haché

8 onces de veau haché

2 onces de pancetta coupée en dés, finement hachée

1 côte de céleri, coupée en deux

1 carotte moyenne, coupée en deux

1 petit oignon pelé mais laissé entier

2 tomates fraîches moyennes, pelées, épépinées et hachées ou 1 tasse de tomates italiennes en conserve importées, égouttées et hachées

1 cuillère de concentré de tomate

1/4 tasse de crème épaisse

1 petite truffe noire fraîche ou hachée, tranchée finement ou quelques gouttes d'huile de truffe

Une pincée de muscade fraîchement râpée

1. Placez les champignons dans un bol d'eau. Laisser agir 30 minutes. Retirez les champignons du liquide. Filtrez le liquide à travers un filtre à café ou une étamine humidifiée

dans un bol propre et réservez. Lavez bien les champignons sous l'eau froide, en accordant une attention particulière au bas des tiges où la terre s'accumule. Hachez finement les champignons.

2. Faire fondre le beurre dans une grande casserole à feu moyen. Ajouter la viande et cuire en remuant pour briser les grumeaux, jusqu'à ce que la viande ne soit plus rose mais dorée. Il doit rester moelleux.

3. Ajoutez le vin et laissez cuire 1 minute. Ajouter le céleri, les carottes, les oignons et les champignons et 1 tasse de leur liquide, les tomates et la pâte de tomates et bien mélanger. Cuire 1 heure à feu très doux. Si la sauce est trop sèche, ajoutez un peu de liquide de champignons.

4. Lorsque le ragoût a cuit 1 heure, retirez le céleri, la carotte et l'oignon. La sauce peut être préparée jusqu'à ce point. Laisser refroidir, puis conserver dans un récipient hermétique au réfrigérateur jusqu'à 3 jours ou au congélateur jusqu'à 2 mois. Réchauffez la sauce avant de continuer.

5. Juste avant de servir, ajoutez la crème, les truffes et la muscade à la sauce piquante. Remuez doucement mais ne faites pas bouillir pour préserver la saveur de la truffe. Servir chaud.

Sauce au beurre et à la sauge

Salsa al Burro et Salvia

Donne 1/2 tasse

C'est tellement simple que j'ai hésité à l'inclure, mais c'est une sauce classique pour pâtes aux œufs frais, en particulier les pâtes farcies comme les raviolis. Utilisez du beurre frais et saupoudrez le plat fini de fromage Parmigiano-Reggiano fraîchement râpé.

1 bâton de beurre doux

6 feuilles de sauge

Sel et poivre noir fraîchement moulu

Parmesan

>Faire fondre le beurre avec la sauge à feu doux. Laisser mijoter 1 minute. Assaisonnez avec du sel et du poivre. Servir avec des pâtes cuites chaudes et saupoudrer de fromage Parmigiano-Reggiano.

Variation: Sauce au beurre noisette : Cuire le beurre pendant quelques minutes jusqu'à ce qu'il soit légèrement doré. Laissez de côté le sage. Sauce aux noisettes : Ajouter 1/4 tasse de noisettes grillées hachées au beurre. Laissez de côté le sage.

huile sainte

Huile Santo

Donne 1 tasse

Les Italiens de Toscane, des Abruzzes et d'autres régions du centre de l'Italie appellent cette huile sacrée car elle est utilisée pour « oindre » de nombreuses soupes et pâtes, tout comme l'huile bénite est utilisée dans certains sacrements. Versez cette huile dans les soupes ou ajoutez-la aux pâtes. Attention, il fait chaud !

Vous pouvez utiliser des piments séchés que vous pouvez trouver dans votre supermarché local. Si vous êtes sur un marché italien, recherchez le peperoncino ou « pepperoni » vendu en paquets.

1 cuillère à soupe de piments séchés broyés ou de poivron rouge broyé

1 tasse d'huile d'olive extra vierge

Mélangez le paprika et l'huile dans une petite bouteille en verre. Couvrir et bien agiter. Laisser poser 1 semaine avant utilisation. Conserver dans un endroit frais et sombre jusqu'à 3 mois.

Sauce au fromage Fontina

fondue

Donne 1 3/4 tasses

À la Locanda di Felicin à Monforte d'Alba, dans le Piémont, le propriétaire Giorgio Rocca sert cette sauce riche et délicieuse sur des assiettes plates avec des truffes râpées en apéritif ou sur des légumes comme le brocoli ou les asperges. Essaye le<u>Gnocchi</u>, Aussi.

2 gros jaunes

1 tasse de crème

1/2 lb de Fontina Val d'Aoste, coupée en cubes de 1/2 pouce

    Battez les jaunes d'œufs et la crème dans une petite casserole. Ajouter le fromage et cuire en remuant à feu moyen-vif jusqu'à ce que le fromage soit fondu et que la sauce soit lisse (environ 2 minutes). Servir chaud.

béchamel

Salsa balsamelle

Donne environ 4 tasses

Cette sauce blanche simple est généralement accompagnée de fromage et utilisée sur des pâtes cuites au four ou des légumes. La recette peut facilement être réduite de moitié.

1 litre de lait

6 cuillères à soupe de beurre non salé

5 cuillères de farine

Sel et poivre noir fraîchement moulu au goût

Une pincée de muscade fraîchement râpée

1. Faites chauffer le lait dans une casserole moyenne jusqu'à ce que de petites bulles se forment sur le bord.

2. Faire fondre le beurre dans une grande casserole à feu moyen. Ajouter la farine et bien mélanger. Faire bouillir pendant 2 minutes.

3. Commencez lentement à verser le lait en un mince filet et mélangez avec un fouet. Au début, la sauce sera épaisse et grumeleuse, mais elle se détendra progressivement et deviendra lisse au fur et à mesure que vous incorporerez le reste.

4. Lorsque tout le lait est ajouté, incorporez le sel, le poivre et la muscade. Augmentez le feu à moyen et remuez constamment jusqu'à ce que le mélange arrive à ébullition. Cuire encore 2 minutes. Retirer du feu. Cette sauce peut être préparée jusqu'à 2 jours avant utilisation. Versez dans un récipient, placez un morceau de pellicule plastique directement dessus et fermez hermétiquement pour éviter la formation d'une peau. Puis refroidissez-vous. Faites chauffer à feu doux puis ajoutez un peu de lait s'il est trop épais.

sauce à l'ail

Agliata

Donne 1 1/2 tasses

La sauce à l'ail peut être servie avec de la viande, du poulet ou du poisson bouilli ou grillé. Je l'ai même mélangé avec des pâtes chaudes pour un repas rapide. Cette version vient du Piémont, même si j'ai aussi mangé de l'agliata fabriquée en Sicile sans noix. J'adore la saveur ajoutée par les noix grillées.

2 gousses d'ail

2 ou 3 tranches de pain italien, croûtes retirées

1/2 tasse de noix grillées

1 tasse d'huile d'olive extra vierge

Sel et poivre noir fraîchement moulu

1. Dans un robot culinaire ou un mélangeur, mélanger l'ail, le pain, les noix, le sel et le poivre au goût. Mélanger jusqu'à ce qu'il soit finement haché.

2. Pendant que la machine est en marche, ajoutez progressivement l'huile. Mélanger jusqu'à ce que la sauce soit épaisse et lisse.

3. Laisser reposer 1 heure à température ambiante avant de servir.

Sauce verte

Salsa Verte

Donne 1 1/2 tasses

Même si j'ai mangé la sauce verte sous une forme ou une autre dans toute l'Italie, cette version est ma préférée car le pain ajoute une texture crémeuse et aide à retenir le persil dans le liquide. Sinon, le persil et les autres solides auront tendance à couler au fond. Sauce verte avec le plat classique de viande bouillie Bollito Misto (<u>Viande bouillie mélangée</u>), avec du poisson grillé ou au four ou avec des tranches de tomates, des œufs durs ou des légumes cuits à la vapeur. Les possibilités sont infinies.

3 tasses de persil frais légèrement tassé

1 gousse d'ail

1/4 tasse de pain italien ou français sans croûte, coupé en dés

6 filets d'anchois

3 cuillères à soupe de câpres égouttées

1 tasse d'huile d'olive extra vierge

2 cuillères à soupe de vinaigre de vin rouge ou blanc

Sel

1. Hachez finement le persil et l'ail dans un robot culinaire. Ajouter les cubes de pain, les anchois et les câpres et mélanger jusqu'à ce qu'ils soient finement hachés.

2. Pendant que la machine est en marche, ajoutez l'huile, le vinaigre et une pincée de sel. Après avoir mélangé, assaisonnez selon votre goût. ajuster au besoin. Couvrir et conserver à température ambiante jusqu'à deux heures ou au réfrigérateur pour une conservation plus longue.

Sauce sicilienne à l'ail et aux câpres

Ammoghiu

Donne environ 2 tasses

L'île de Pantelleria, au large de la Sicile, est célèbre à la fois pour son vin de dessert aromatique, le moscato di Pantelleria, et pour ses excellentes câpres. Les câpres prospèrent et poussent librement partout sur l'île. Au printemps, les plantes se couvrent de belles fleurs roses et blanches. Les boutons floraux non ouverts sont des câpres, qui sont récoltées et conservées dans du gros sel marin, une autre spécialité locale. Les Siciliens croient que le sel préserve mieux le goût frais des câpres que le vinaigre.

Fabriquée avec des câpres, des tomates et beaucoup d'ail, cette sauce crue est un favori sicilien avec le poisson ou les pâtes. Une façon de le servir est d'accompagner du poisson frit croustillant ou des calamars.

8 gousses d'ail, pelées

1 tasse de feuilles de basilic, rincées et séchées

1/2 tasse de persil frais

Quelques feuilles de céleri

6 tomates italiennes fraîches, pelées et épépinées

2 cuillères à soupe de câpres rincées et égouttées

1/2 tasse d'huile d'olive extra vierge

Sel et poivre noir fraîchement moulu

1. Hachez finement l'ail, le basilic, le persil et les feuilles de céleri au robot culinaire. Ajouter les tomates et les câpres et mélanger jusqu'à consistance lisse.

2. Pendant que la machine est en marche, ajoutez progressivement l'huile d'olive, salez et poivrez selon votre goût. Mélanger jusqu'à consistance lisse et bien mélangée. Laisser reposer 1 heure avant de servir. Servir à température ambiante.

Sauce aux oeufs persillée

Salsa de Prezzemolo et Uova

Donne 2 tasses

Dans le Trentin-Haut-Adige, cette sauce est servie avec des asperges fraîches de printemps. Les œufs durs lui confèrent une saveur riche et une texture crémeuse. Il s'accorde bien avec le poulet poché, le saumon ou les légumes comme les haricots verts et les asperges.

4 gros œufs

1 tasse de persil frais finement tassé

2 cuillères à soupe de câpres rincées, égouttées et hachées

1 gousse d'ail

1 cuillère à café de zeste de citron râpé

1 tasse d'huile d'olive extra vierge

1 cuillère à soupe de jus de citron frais

Sel et poivre noir fraîchement moulu

1. Placez les œufs dans une petite casserole d'eau froide pour couvrir. Faire bouillir l'eau. Faire bouillir pendant 12 minutes. Laissez les œufs refroidir sous l'eau froide courante. Égoutter et peler. Coupez les œufs et mettez-les dans un bol.

2. Hachez finement le persil, les câpres et l'ail au robot culinaire ou à la main. Transférez-les dans un bol avec les œufs.

3. Incorporer le zeste de citron. Assaisonner avec de l'huile pour fouetter, du jus de citron, du sel et du poivre. Verser dans la sauce. Couvrir et réfrigérer 1 heure ou toute la nuit.

4. Sortez la sauce du réfrigérateur au moins 1/2 heure avant de servir. Bien mélanger et assaisonner de poivre.

Variation: Incorporer 1 cuillère à soupe de ciboulette fraîche hachée.

Sauce aux poivrons rouges et tomates

Bagnetto Rosso

Donne environ 2 pintes

Dans le Piémont du nord de l'Italie, cette sauce est préparée en grande quantité pendant les mois d'été, lorsque les légumes sont abondants. Le nom signifie « trempette rouge » car la sauce s'utilise sur la viande cuite ou avec du poulet, des pâtes, des omelettes ou des crudités.

4 gros poivrons rouges, hachés

1 tasse de tomates fraîches pelées, épépinées et hachées

1 oignon moyen, haché

2 cuillères à soupe d'huile d'olive

1 cuillère à soupe de vinaigre de vin

1 cuillère à café de sucre

Une pincée de poivron rouge moulu

Une pincée de cannelle moulue

1. Mélanger tous les ingrédients dans une grande poêle. Couvrez la marmite et faites cuire à feu doux. Porter à ébullition. (Attention à ne pas brûler. Si le liquide est faible, ajoutez un peu d'eau.) Cuire, en remuant de temps en temps, jusqu'à ce que les poivrons soient tendres, 1 heure.

2. Laissez refroidir légèrement. Passez les ingrédients dans un moulin à nourriture ou mixez jusqu'à obtenir une consistance lisse dans un mélangeur ou un robot culinaire. goût pour les épices. Transférer la sauce dans des récipients hermétiquement fermés et réfrigérer pendant 1 semaine ou congeler jusqu'à trois mois. Servir à température ambiante.

sauce aux olives

Salsa aux olives

Donne environ 1 tasse

La pâte d'olives en conserve est parfaite pour une garniture rapide sur des crostini ou une sauce légère pour une viande grillée. Des olives finement hachées peuvent être remplacées. C'est merveilleux sur un filet de bœuf ou comme trempette pour du pain ou une focaccia.

1/2 tasse de pâte d'olive noire

1 gousse d'ail pelée et aplatie avec le côté d'un couteau

1 cuillère à soupe de romarin frais haché

1/2 tasse d'huile d'olive extra vierge

1 à 2 cuillères à soupe de vinaigre balsamique

Fouetter la pâte d'olive, l'ail, le romarin, l'huile et le vinaigre dans un bol moyen. Si la sauce est trop épaisse, diluez-la avec un peu d'huile. Laisser à température ambiante pendant au moins 1 heure. Retirez l'ail avant de servir.

Sauce tomate séchée

Salsa de pomodori secchi

Donne environ 3/4 tasse

Versez cette sauce sur des steaks, du rosbif ou du porc froid, ou sur un bloc de fromage de chèvre doux en entrée.

1/2 tasse de tomates séchées marinées égouttées, hachées très finement

2 cuillères à soupe de persil frais haché

1 cuillère à soupe de câpres hachées

1/2 tasse d'huile d'olive extra vierge

1 cuillère à soupe de vinaigre balsamique

Poivre noir fraîchement moulu

>Fouetter tous les ingrédients dans un bol de taille moyenne. Laisser reposer 1 heure à température ambiante avant de servir. Servir à température ambiante. Conserver dans un contenant hermétique au réfrigérateur jusqu'à 2 jours.

Sauce paprika façon Molise

Salsa au pepperoni

Donne environ 1 tasse

Le Molise est l'une des régions les plus petites et les plus pauvres d'Italie, mais la nourriture est pleine de saveurs. Essayez cette sauce au poivre épicé - appelée dialectalement Jevezarola - comme arôme pour la viande ou le poulet grillé ou rôti. Je l'aime même sur du thon grillé. Vous pouvez utiliser le vôtre<u>Poivre mariné</u>ou la variété du magasin. Si vous aimez vos plats épicés, ajoutez quelques concombres rouges piquants.

1 tasse de poivrons rouges marinés, égouttés

1 oignon moyen, haché

1 cuillère à soupe de sucre

4 cuillères à soupe d'huile d'olive

1.Mettez le poivron, l'oignon et le sucre dans un robot culinaire ou un mixeur. Mélanger jusqu'à consistance lisse. Ajouter l'huile et bien mélanger.

2.Grattez le mélange dans une petite casserole à fond épais. Cuire en remuant fréquemment jusqu'à épaississement, environ 45 minutes. Retirer du feu et laisser refroidir avant de servir. Servir à température ambiante. Conserver dans un contenant hermétique au réfrigérateur jusqu'à 1 mois.

Mayonnaise à l'huile d'olive

Mayonien

Donne 1 tasse

La mayonnaise maison fait la différence lorsqu'elle est servie simplement sur des tomates mûres, des œufs durs, du poisson poché, des tranches de poulet ou des sandwichs. Pour le préparer, j'aime utiliser de l'huile d'olive extra vierge légèrement assaisonnée ou mélanger de l'huile entièrement assaisonnée avec de l'huile végétale. Préparez la mayonnaise à la main avec un fouet ou utilisez un batteur électrique.

La salmonelle dans les œufs crus a considérablement diminué ces dernières années. Cependant, en cas de doute, vous pouvez faire un substitut adéquat en arrosant la mayonnaise de gouttes d'huile d'olive et de jus de citron frais, selon votre goût.

2 gros jaunes d'œufs à température ambiante

2 cuillères à soupe de jus de citron frais

1/4 cuillères à café de sel

1 tasse d'huile d'olive extra vierge ou 1/2 tasse d'huile végétale plus 1/2 tasse d'huile d'olive extra vierge

1. Dans un bol moyen, fouetter les jaunes d'œufs, le jus de citron et le sel jusqu'à ce qu'ils soient jaune pâle et épais.

2. En fouettant constamment, ajoutez l'huile goutte à goutte très progressivement jusqu'à ce que le mélange commence à épaissir. Au fur et à mesure qu'elle épaissit, mélangez le reste de l'huile plus uniformément, en vous assurant qu'elle est absorbée avant d'en ajouter davantage. Si l'huile n'est plus absorbée à un moment donné, arrêtez d'ajouter l'huile et fouettez rapidement jusqu'à ce que la sauce soit à nouveau lisse.

3. Ajustez les épices et les assaisonnements. Servir immédiatement ou couvrir et réfrigérer jusqu'à 2 jours.

Variation: Mayonnaise aux herbes : Incorporer 2 cuillères à soupe de basilic ou de persil frais très finement hachés. Mayonnaise au citron : Incorporer 1/2 cuillère à café de zeste de citron frais râpé.

Linguine à l'ail, à l'huile et aux piments forts

Linguine Aglio, Olio et Peperoncino

Donne 4 à 6 portions

L'ail, l'huile d'olive extra vierge fruitée, le persil et le paprika sont des épices simples pour ces pâtes des plus délicieuses. L'huile d'olive entière est tout aussi importante que l'ail frais et le persil. Faites cuire l'ail lentement pour infuser l'huile avec sa forte saveur. Ne laissez pas l'ail devenir plus que doré, sinon il aura un goût amer et piquant. Certains cuisiniers oublient le persil, mais j'aime la saveur fraîche qu'il ajoute.

1/2 tasse d'huile d'olive extra vierge

4 à 6 grosses gousses d'ail, tranchées finement

1/2 cuillères à café de poivron rouge broyé

1/3 tasse de persil plat frais haché

Sel

1 livre de linguines ou de spaghettis

1. Versez l'huile dans une casserole suffisamment grande pour contenir les pâtes cuites. Ajouter l'ail et le poivron rouge écrasé. Cuire à feu moyen-vif, en remuant fréquemment, jusqu'à ce que l'ail soit bien doré, environ 4 à 5 minutes. Incorporez le persil et éteignez le feu.

2. Portez à ébullition au moins 4 litres d'eau froide. Ajoutez 2 cuillères à soupe de sel, puis ajoutez les nouilles et appuyez jusqu'à ce que les nouilles soient complètement immergées dans l'eau. Cuire à feu vif, en remuant fréquemment, jusqu'à ce que les pâtes soient al dente, tendres mais fermes sous la dent. Mettez de côté un peu d'eau de cuisson. Égouttez les pâtes et ajoutez-les à la poêle avec la sauce.

3. Cuire à feu moyen-vif, en remuant constamment, jusqu'à ce que les pâtes soient bien enrobées de sauce. Si les nouilles semblent sèches, ajoutez un peu d'eau de cuisson. Sers immédiatement.

Variation: Ajoutez des olives noires ou vertes hachées, des câpres ou des anchois ainsi que de l'ail. Servir saupoudré de chapelure frite dans l'huile d'olive ou de fromage râpé.

Spaghettis à l'ail et aux olives

Spaghetti al Aglio et olives

Donne 4 à 6 portions

Cette sauce pour pâtes rapide peut être préparée avec des olives que vous dénoyautez et hachez vous-même, mais la pâte d'olives préparée est plus adaptée. La pâte d'olives et les olives pouvant être salées, n'ajoutez pas de fromage râpé à ce plat.

1/4 tasse d'huile d'olive

3 gousses d'ail, tranchées finement

Une pincée de poivron rouge moulu

1/4 tasse de pâte d'olives vertes ou au goût ou 1 tasse d'olives vertes dénoyautées hachées

2 cuillères à soupe de persil frais haché

Sel

1 livre de spaghettis ou de linguines

1. Versez l'huile dans une casserole suffisamment grande pour contenir les pâtes cuites. Ajouter l'ail et le poivron rouge écrasé. Cuire à feu moyen jusqu'à ce que l'ail soit bien doré, environ 4 à 5 minutes. Incorporer la pâte d'olives ou les olives et le persil et retirer la casserole du feu.

2. Portez à ébullition 4 litres d'eau dans une grande casserole. Ajoutez 2 cuillères à soupe de sel, puis ajoutez les nouilles et appuyez doucement jusqu'à ce que les nouilles soient complètement immergées dans l'eau. Cuire à feu vif, en remuant fréquemment, jusqu'à ce que les pâtes soient al dente, tendres mais fermes sous la dent. Mettez de côté un peu d'eau de cuisson. Égouttez les pâtes et ajoutez-les à la poêle avec la sauce.

3. Cuire à feu moyen-vif, en remuant constamment, jusqu'à ce que les pâtes soient bien enrobées de sauce. Si les nouilles semblent sèches, ajoutez un peu d'eau de cuisson chaude. Sers immédiatement.

Linguine au pesto

Linguines au pesto

Donne 4 à 6 portions

En Ligurie, le pesto est préparé en pilant de l'ail et des herbes dans un mortier jusqu'à formation d'une pâte épaisse. Une variété de basilic au goût doux avec de minuscules feuilles ne dépassant pas un demi-pouce de long y est utilisée. Le pesto qu'il prépare est beaucoup plus doux que celui à base de basilic que l'on a aux États-Unis. Pour se rapprocher du goût du pesto ligure, j'ajoute un peu de persil. Le persil conserve mieux sa couleur que le basilic, qui a tendance à noircir une fois haché, laissant au pesto un vert velouté. Si vous voyagez en Ligurie et aimez jardiner, achetez un paquet de petites graines de basilic et plantez-les dans votre jardin. Il n'y a aucune interdiction de rapporter des graines emballées d'Italie.

1 tasse de feuilles de basilic bien tassées, rincées et séchées

1/4 tasse de persil frais bien tassé, rincé et séché

2 cuillères à soupe de pignons de pin ou d'amandes blanchies

1 gousse d'ail

De gros sel

1/3 tasse d'huile d'olive extra vierge

1 livre de linguines

1/2 tasse de Parmigiano-Reggiano fraîchement râpé

2 cuillères à soupe de beurre non salé, ramolli

1. Au robot culinaire, hachez finement les feuilles de basilic et le persil avec les pignons de pin, l'ail et une pincée de sel. Versez progressivement l'huile d'olive en un mince filet et mélangez jusqu'à consistance lisse. goût pour les épices.

2. Portez à ébullition 4 litres d'eau dans une grande casserole. Ajoutez 2 cuillères à soupe de sel, puis ajoutez les nouilles et appuyez doucement jusqu'à ce que les nouilles soient complètement immergées dans l'eau. Bien mélanger. Cuire en remuant fréquemment jusqu'à ce que les pâtes soient al dente, tendres mais fermes sous la dent. Mettez de côté un peu d'eau de cuisson. Égouttez les nouilles.

3. Placez les nouilles dans un grand bol chauffé. Ajouter le pesto, le fromage et le beurre. Bien mélanger et si nécessaire ajouter un peu d'eau des pâtes pour fluidifier le pesto. Sers immédiatement.

Spaghettis fins aux noix

Spaghettis au Noci

Donne 4 à 6 portions

Il s'agit d'une recette napolitaine souvent consommée avec les repas du vendredi sans viande. Pour cette sauce pour pâtes, les noix doivent être hachées très finement pour que les morceaux collent aux pâtes lorsqu'on les retourne. Hachez-les avec un couteau ou utilisez un robot culinaire si vous le souhaitez, mais ne les transformez pas en pâte.

1/4 tasse d'huile d'olive

3 grosses gousses d'ail légèrement écrasées

1 tasse de noix, finement hachées

Sel

1 livre de spaghettis, de linguines fines ou de nouilles

1/2 tasse de Pecorino Romano fraîchement râpé

Poivre noir fraîchement moulu

2 cuillères à soupe de persil frais haché

1. Versez l'huile dans une casserole suffisamment grande pour contenir les pâtes. Ajouter l'ail et cuire à feu moyen. Pressez l'ail de temps en temps avec le dos d'une cuillère jusqu'à ce qu'il prenne une couleur dorée foncée, environ 3 à 4 minutes. Retirez l'ail de la poêle. Incorporer les noix et cuire jusqu'à ce qu'elles soient légèrement grillées, environ 5 minutes.

2. Portez à ébullition au moins 4 litres d'eau dans une grande casserole. Ajoutez 2 cuillères à soupe de sel puis les pâtes. Bien mélanger. Cuire à feu vif, en remuant fréquemment, jusqu'à ce que les pâtes soient al dente, tendres mais fermes sous la dent. Égoutter les pâtes et réserver un peu d'eau de cuisson.

3. Mélangez les pâtes avec la sauce aux noix et juste assez d'eau de cuisson pour les garder humides. Ajoutez le fromage et une généreuse quantité de poivre noir. Jetez bien. Ajoutez le persil et servez aussitôt.

Linguine aux tomates séchées

Linguine aux pomodori secchi

Donne 4 à 6 portions

Un pot de tomates séchées marinées dans le garde-manger et des invités inattendus ont inspiré ce plat de pâtes rapide. L'huile dans laquelle sont emballées la plupart des tomates séchées marinées n'est généralement pas de la plus haute qualité. C'est pourquoi je préfère la filtrer et ajouter ma propre huile d'olive extra vierge à cette sauce simple.

1 pot de tomates séchées marinées, égouttées

1 petite gousse d'ail

1/4 tasse d'huile d'olive extra vierge

1 cuillère à soupe de vinaigre balsamique

Sel

1 livre de linguines

6 feuilles de basilic frais, empilées et coupées en fins rubans

1. Dans un robot culinaire ou un mélangeur, mélanger les tomates et l'ail et mélanger jusqu'à ce qu'ils soient hachés très finement. Ajoutez lentement l'huile et le vinaigre et mélangez jusqu'à consistance lisse. goût pour les épices.

2. Portez à ébullition au moins 4 litres d'eau dans une grande casserole. Ajoutez 2 cuillères à soupe de sel, puis ajoutez les nouilles et appuyez doucement jusqu'à ce que les nouilles soient complètement immergées dans l'eau. Bien mélanger. Cuire à feu vif, en remuant fréquemment, jusqu'à ce que les pâtes soient al dente, tendres mais fermes sous la dent. Mettez de côté un peu d'eau de cuisson. Égouttez les nouilles.

3. Dans un grand bol, mélanger les pâtes avec la sauce tomate et le basilic frais, en ajoutant un peu de l'eau des pâtes réservée si nécessaire. Sers immédiatement.

Variation: Ajoutez une boîte de thon égoutté avec de l'huile d'olive aux pâtes et à la sauce. Ou ajoutez des olives noires ou des anchois hachés.

Spaghetti au paprika, pecorino et basilic

Spaghettis au pepperoni

Donne 4 à 6 portions

Manger des spaghettis, des linguines ou d'autres pâtes longues avec une cuillère et une fourchette n'est pas considéré comme de bonnes manières en Italie, tout comme couper les fils en morceaux courts. Dès leur plus jeune âge, les enfants apprennent à tordre quelques brins de pâtes autour d'une fourchette et à les manger correctement sans les siroter.

Selon une histoire, la fourchette à trois dents aurait été inventée dans ce but au milieu du XIXe siècle. Jusqu'à présent, les pâtes étaient toujours mangées avec les mains et les fourchettes n'avaient que deux dents car elles étaient principalement utilisées pour embrocher la viande. Roi de Naples Ferdinand II. demanda à son valet Cesare Spadaccini de trouver un moyen de servir des pâtes longues lors des banquets de la cour. Spadaccini a inventé une fourchette à trois dents et le reste appartient à l'histoire.

Les piments forts frais sont typiques de la cuisine calabraise. Ici, ils sont combinés avec du paprika et servis avec des spaghettis. Le pecorino râpé est un joli contrepoint salé à la douceur des poivrons et du basilic.

1/4 tasse d'huile d'olive

4 gros poivrons rouges, coupés en fines lanières

1 ou 2 petits piments frais épépinés et hachés ou une pincée de piment rouge broyé

Sel

2 gousses d'ail, tranchées finement

12 feuilles de basilic frais, coupées en fines tranches

1/3 tasse de Pecorino Romano fraîchement râpé

1 livre de spaghetti

1. Dans une poêle suffisamment grande pour contenir les pâtes cuites, chauffer l'huile à feu moyen-vif. Ajouter le

paprika, le piment et le sel. Cuire 10 minutes en remuant de temps en temps.

2. Incorporer l'ail. Couvrir et cuire encore 10 minutes ou jusqu'à ce que le poivron soit tendre. Retirer du feu et incorporer le basilic.

3. Portez à ébullition au moins 4 litres d'eau dans une grande casserole. Ajoutez 2 cuillères à soupe de sel, puis ajoutez les nouilles et appuyez doucement jusqu'à ce que les nouilles soient complètement immergées dans l'eau. Bien mélanger. Cuire en remuant fréquemment jusqu'à ce que les spaghettis soient al dente, tendres mais fermes sous la dent. Mettez de côté un peu d'eau de cuisson. Égouttez les pâtes et ajoutez-les à la poêle avec la sauce.

4. Cuire à feu moyen-vif pendant 1 minute en remuant constamment. Mélangez bien et ajoutez un peu de l'eau des pâtes réservée. Ajoutez le fromage et mélangez à nouveau. Sers immédiatement.

Penne aux courgettes, basilic et œufs

Penne aux courgettes et Uova

Donne 4 à 6 portions

Le mythe selon lequel les pâtes ont été « inventées » en Chine et importées en Italie par Marco Polo persiste. Alors que les nouilles étaient consommées lors de la visite de Polo en Chine, les nouilles étaient connues en Italie bien avant son retour à Venise en 1279. Les archéologues ont trouvé des dessins et des ustensiles de cuisine qui ressemblent à des outils modernes de fabrication de pâtes, comme le rouleau à pâtisserie et la molette B. dans un Tombeau étrusque du IVe siècle avant JC. BC au nord de Rome. La légende remonte probablement au portrait hollywoodien de l'explorateur vénitien dans un film des années 1930 avec Gary Cooper.

Dans cette recette napolitaine, la chaleur des pâtes et des légumes cuit les œufs jusqu'à ce qu'ils soient crémeux et légèrement pris.

4 courgettes moyennes (environ 11/4 livres), lavées

1/3 tasse d'huile d'olive

1 petit oignon, finement haché

Sel et poivre noir fraîchement moulu

3 gros œufs

1/2 tasse de Pecorino Romano ou Parmigiano-Reggiano fraîchement râpé

1 livre de penne

1/2 tasse de basilic ou de persil frais râpé

1. Coupez les courgettes en bâtonnets de 1/4 pouce d'épaisseur et d'environ 1 1/2 pouces de long. Séchez les morceaux.

2. Versez l'huile dans une casserole suffisamment grande pour contenir les pâtes cuites. Ajouter l'oignon et cuire à feu moyen-vif, en remuant de temps en temps, jusqu'à ce qu'il ramollisse, environ 5 minutes. Ajouter les courgettes et cuire, en remuant souvent, jusqu'à ce qu'elles soient

légèrement dorées, environ 10 minutes. Assaisonnez avec du sel et du poivre.

3. Dans un bol moyen, assaisonner les œufs avec le fromage, le sel et le poivre.

4. Pendant que les courgettes cuisent, portez à ébullition environ 4 litres d'eau dans une grande casserole. Ajoutez 2 cuillères à soupe de sel et les nouilles. Bien mélanger. Cuire à feu vif, en remuant fréquemment, jusqu'à ce que les pâtes soient al dente, tendres mais fermes sous la dent. Mettez de côté un peu d'eau de cuisson. Égouttez les pâtes et ajoutez-les à la poêle avec la sauce.

5. Mélangez les nouilles avec le mélange d'œufs. Ajoutez le basilic et mélangez bien. Si les nouilles semblent sèches, ajoutez un peu d'eau de cuisson. Ajoutez une généreuse dose d'assaisonnement et servez immédiatement.

Pâtes aux petits pois et oeuf

Pâtes au Piselli

Donne 4 portions

Ma mère préparait souvent ce plat à l'ancienne quand j'étais petite. Elle a utilisé des pois en conserve, mais j'aime les utiliser surgelés car ils ont un goût plus frais et une texture plus ferme. Casser les spaghettis en petits morceaux peut aller à l'encontre de la tradition, mais c'est la clé de l'origine de cette recette. Lorsque les gens étaient pauvres et avaient de nombreuses bouches à nourrir, les ingrédients pouvaient facilement être étirés en ajoutant de l'eau supplémentaire et en cuisant la soupe.

C'est l'un de ces plats incontournables que je peux toujours préparer car j'ai rarement un sac de petits pois au congélateur, des pâtes dans le garde-manger et quelques œufs au réfrigérateur. Étant donné que les pois, les œufs et les pâtes sont assez copieux, je prépare généralement cette quantité pour 4 portions. Ajoutez une livre complète de pâtes si vous voulez 6 à 8 portions.

1/4 tasse d'huile d'olive

1 gros oignon, tranché finement

1 paquet de petits pois surgelés, partiellement décongelés

Sel et poivre noir fraîchement moulu

2 gros œufs

1/2 tasse de Parmigiano-Reggiano fraîchement râpé

1/2 livre de spaghettis ou de linguines, coupés en longueurs de 2 pouces

1. Versez l'huile dans une casserole suffisamment grande pour contenir les pâtes. Ajouter l'oignon et cuire à feu moyen-vif, en remuant de temps en temps, jusqu'à ce que l'oignon soit ramolli et doré (environ 12 minutes). Incorporer les pois et cuire encore 5 minutes jusqu'à ce que les pois soient tendres. Assaisonnez avec du sel et du poivre.

2. Dans un bol moyen, assaisonner les œufs avec le fromage, le sel et le poivre.

3. Portez à ébullition au moins 4 litres d'eau dans une grande casserole. Ajoutez 2 cuillères à soupe de sel puis les pâtes. Bien mélanger. Cuire à feu vif, en remuant fréquemment, jusqu'à ce que les nouilles soient tendres mais légèrement insuffisamment cuites. Égoutter les pâtes et réserver un peu d'eau de cuisson.

4. Mélangez les pâtes dans la poêle avec les petits pois. Ajouter le mélange d'œufs et cuire à feu doux, en remuant, jusqu'à ce que les œufs soient légèrement pris, environ 2 minutes. Si les nouilles semblent sèches, ajoutez un peu d'eau de cuisson. Sers immédiatement.

Linguine aux haricots verts, tomates et basilic

Linguune con Fagiolini

Donne 4 à 6 portions

La ricotta salata est une forme de ricotta salée et pressée. Si vous ne le trouvez pas, remplacez-le par du fromage feta à pâte molle non salé ou de la ricotta fraîche et du pecorino râpé. Ces pâtes sont typiques des Pouilles.

12 onces de haricots verts, parés

Sel

1/4 tasse d'huile d'olive

1 gousse d'ail, hachée finement

5 tomates moyennes, pelées, épépinées et hachées (environ 3 tasses)

Poivre noir fraîchement moulu

1 livre de linguines

½ tasse de basilic frais haché

1 tasse de salade de ricotta râpée, de feta molle ou de ricotta fraîche

1. Portez à ébullition 4 litres d'eau. Ajouter les haricots verts et le sel au goût. Cuire pendant 5 minutes ou jusqu'à ce qu'ils soient croustillants. Retirez les haricots verts avec une écumoire ou une passoire en réservant l'eau. Séchez les haricots. Coupez les haricots en longueurs de 1 pouce.

2. Versez l'huile dans une casserole suffisamment grande pour contenir les pâtes cuites. Ajouter l'ail et cuire à feu moyen jusqu'à ce qu'il soit légèrement doré, environ 2 minutes.

3. Ajouter les tomates, saler et poivrer au goût. Cuire en remuant de temps en temps jusqu'à ce que les tomates épaississent et que le jus s'évapore. Incorporer les haricots. Laisser mijoter encore 5 minutes.

4. Pendant ce temps, portez à nouveau la casserole d'eau à ébullition. Ajoutez 2 cuillères à soupe de sel, puis ajoutez les linguines et appuyez doucement jusqu'à ce que les

nouilles soient complètement immergées dans l'eau. Cuire à feu vif, en remuant fréquemment, jusqu'à ce que les pâtes soient al dente, tendres mais fermes sous la dent. Mettez de côté un peu d'eau de cuisson. Égouttez les pâtes et ajoutez-les à la poêle avec la sauce.

5. Mélanger les linguines dans la poêle avec la sauce. Ajouter le basilic et le fromage et mélanger à nouveau à feu moyen-vif jusqu'à ce que le fromage soit crémeux. Sers immédiatement.

Petites oreilles à la crème de pomme de terre et roquette

Orecchiette à la crème de patate

Donne 4 à 6 portions

La roquette sauvage pousse partout dans les Pouilles. Il est croquant, avec une lame étroite et dentelée et une jolie saveur de noisette. Les feuilles sont consommées crues et cuites, souvent avec des pâtes. Les pommes de terre sont des féculents, mais en Italie, elles sont considérées comme un légume parmi d'autres. Ce n'est donc pas un problème de les servir avec des pâtes, surtout dans les Pouilles. Les pommes de terre sont bouillies jusqu'à ce qu'elles soient tendres, puis écrasées avec de l'eau bouillante jusqu'à obtenir une consistance crémeuse.

2 pommes de terre moyennement bouillies, environ 12 oz

Sel

1/4 tasse d'huile d'olive

1 gousse d'ail, hachée finement

1 livre d'orecchiette ou de pétoncles

2 bottes de roquette (environ 8 onces), tiges dures enlevées, rincées et égouttées

Sel et poivre noir fraîchement moulu

1. Épluchez les pommes de terre et placez-les dans une petite casserole avec du sel au goût et de l'eau froide pour couvrir. Portez l'eau à ébullition et faites cuire les pommes de terre jusqu'à ce qu'elles soient tendres lorsqu'elles sont percées avec un couteau bien aiguisé, environ 20 minutes. Égoutter les pommes de terre et réserver l'eau.

2. Versez l'huile dans une casserole moyenne. Ajouter l'ail et cuire à feu moyen jusqu'à ce qu'il soit doré, environ 2 minutes. Retirer du feu. Ajoutez les pommes de terre et écrasez-les bien avec une fourchette ou un presse-purée. Incorporez environ une tasse de l'eau réservée pour obtenir une fine « crème ». Assaisonnez avec du sel et du poivre.

3. Portez à ébullition 4 litres d'eau. Ajoutez 2 cuillères à soupe de sel puis les pâtes. Bien mélanger. Cuire à feu vif, en remuant fréquemment, jusqu'à ce que les pâtes soient al

dente, tendres mais fermes sous la dent. Ajoutez la roquette et mélangez une fois. Égouttez les pâtes et la roquette.

4. Remettez les pâtes et la roquette dans la casserole et ajoutez la sauce aux pommes de terre. Cuire à feu doux en remuant et en ajoutant un peu d'eau des pommes de terre si besoin. Sers immédiatement.

pâtes et pommes de terre

Pâtes et frites

Donne 6 portions

Tout comme les pâtes aux haricots ou aux lentilles, les pâtes et les pommes de terre sont un bon exemple de La Cucina Povera, la manière du sud de l'Italie de prendre quelques humbles ingrédients et de les transformer en plats délicieux. Lorsque les temps étaient très maigres et qu'il y avait de nombreuses bouches à nourrir, il était courant d'ajouter de l'eau supplémentaire, généralement du liquide restant de la cuisson des légumes ou des nouilles, et d'étirer ces plats de nouilles en soupes pour les adapter davantage.

¼ tasse d'huile d'olive

1 carotte moyenne, hachée

1 branche de céleri moyenne, hachée

1 oignon moyen, haché

2 gousses d'ail hachées finement

2 cuillères à soupe de persil frais haché

3 cuillères à soupe de concentré de tomate

Sel et poivre noir fraîchement moulu

1 1/2 livres de pommes de terre bouillies, pelées et coupées en dés

1 livre de tubetti ou de petites palourdes

1/2 tasse de Pecorino Romano ou Parmigiano-Reggiano fraîchement râpé

1. Versez l'huile dans une grande casserole et ajoutez les ingrédients hachés sauf les pommes de terre. Cuire à feu moyen-vif, en remuant de temps en temps, jusqu'à ce qu'il soit tendre et doré, environ 15 à 20 minutes.

2. Incorporer la purée de tomates et assaisonner de sel et de poivre. Ajoutez les pommes de terre et 4 tasses d'eau. Porter à ébullition et cuire jusqu'à ce que les pommes de terre soient tendres, environ 30 minutes. Écrasez quelques pommes de terre avec le dos d'une cuillère.

3. Portez à ébullition environ 4 litres d'eau dans une grande casserole. Ajoutez 2 cuillères à soupe de sel puis les nouilles. Bien mélanger. Cuire en remuant fréquemment jusqu'à ce que les pâtes soient al dente, tendres mais fermes sous la dent. Mettez de côté un peu d'eau de cuisson. Mélangez les nouilles au mélange de pommes de terre. Ajoutez un peu d'eau de cuisson si nécessaire, mais le mélange doit rester assez épais. Incorporer le fromage et servir immédiatement.

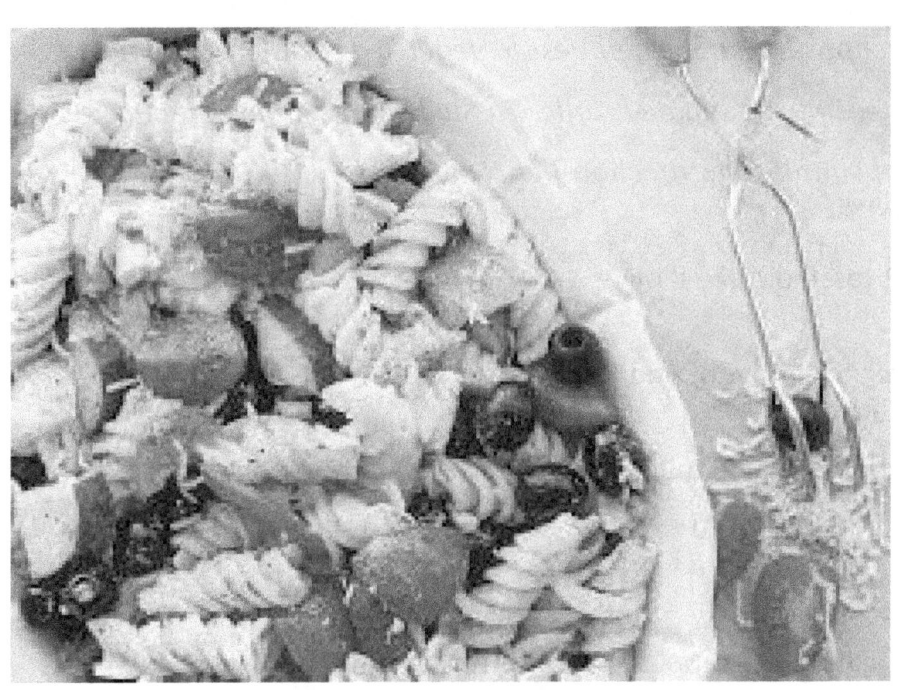

Moules au chou-fleur et au fromage

Conchiglie al Cavolfiore

Donne 6 portions

Le chou-fleur polyvalent est la vedette de nombreux plats de pâtes dans le sud de l'Italie. En Sicile, nous avons préparé ce plat simple avec du chou-fleur violet local.

1/2 tasse d'huile d'olive

1 oignon moyen, finement haché

1 chou-fleur de taille moyenne, paré et coupé en bouquets

Sel

2 cuillères à soupe de persil frais haché

Poivre noir fraîchement moulu

1 livre de moules

3/4 tasse de Pecorino Romano fraîchement râpé

1. Versez l'huile dans une casserole suffisamment grande pour contenir les pâtes cuites. Ajouter l'oignon et cuire à feu moyen pendant 5 minutes. Ajouter le chou-fleur et le sel au goût. Couvrir et cuire 15 minutes ou jusqu'à ce que le chou-fleur soit tendre. Incorporer le persil et le poivre noir au goût.

2. Portez à ébullition au moins 4 litres d'eau dans une grande casserole. Ajoutez 2 cuillères à soupe de sel puis les pâtes. Bien mélanger. Cuire à feu vif, en remuant fréquemment, jusqu'à ce que les pâtes soient al dente, tendres mais encore fermes sous la dent. Égoutter les pâtes et réserver un peu d'eau de cuisson.

3. Ajouter les pâtes dans la poêle avec le chou-fleur et bien mélanger à feu moyen-vif. Ajoutez un peu d'eau de cuisson si nécessaire. Ajoutez le fromage et mélangez à nouveau avec beaucoup de poivre noir. Sers immédiatement.

Pâtes au chou-fleur, safran et groseilles

Pâtes Arriminati

Donne 6 portions

Les variétés de chou-fleur sicilien, du blanc-violet au vert pois, ont un goût délicieux en automne et en hiver lorsqu'elles sont fraîchement cueillies. C'est l'une des nombreuses combinaisons de pâtes siciliennes et de chou-fleur. Le safran ajoute une couleur dorée et une saveur subtile, tandis que les groseilles et les anchois ajoutent du sucré et du salé. La chapelure grillée ajoute un subtil croquant à la fin.

1 cuillère à café de fils de safran

2/3 tasse de groseilles rouges ou de raisins secs noirs

Sel

1 gros chou-fleur (environ 2 livres), paré et coupé en fleurons

1/3 tasse d'huile d'olive

1 oignon moyen, finement haché

6 filets d'anchois, égouttés et tranchés

Poivre noir fraîchement moulu

1/3 tasse de pignons de pin, légèrement grillés

1 livre de penne ou de pétoncles

1/4 tasse de chapelure nature grillée

1. Dans un petit bol, saupoudrez les fils de safran de 2 cuillères à soupe d'eau chaude. Placez les groseilles dans un autre bol d'eau chaude pour les couvrir. Laissez les deux reposer pendant environ 10 minutes.

2. Portez à ébullition au moins 4 litres d'eau dans une grande casserole. Ajoutez 2 cuillères à soupe de sel et le chou-fleur. Cuire en remuant fréquemment jusqu'à ce que le chou-fleur soit tendre lorsqu'on le perce avec un couteau, environ 10 minutes. Retirez le chou-fleur à l'aide d'une écumoire en gardant l'eau pour la cuisson des pâtes.

3. Versez l'huile dans une casserole suffisamment grande pour contenir les pâtes cuites. Ajouter l'oignon et cuire à

feu moyen pendant 10 minutes. Ajouter les anchois et cuire encore 2 minutes, en remuant fréquemment, jusqu'à ce qu'ils soient dissous. Incorporer le safran et le liquide de trempage. Égouttez les groseilles et ajoutez-les à la poêle.

4. Incorporer le chou-fleur cuit. Prenez un peu d'eau de cuisson et ajoutez-la dans la poêle avec le chou-fleur. Cuire 10 minutes et utiliser le dos d'une cuillère pour râper le chou-fleur jusqu'à ce qu'il se brise en fleurons. Ajoutez du sel et du poivre au goût. Incorporer les pignons de pin.

5. Pendant que le chou-fleur cuit, portez à nouveau l'eau bouillante à ébullition. Ajouter les nouilles et bien mélanger. Cuire à feu vif, en remuant fréquemment, jusqu'à ce que les pâtes soient al dente, tendres mais fermes sous la dent. Mettez de côté un peu d'eau de cuisson. Égouttez les pâtes et ajoutez-les à la poêle avec le mélange de chou-fleur. Bien mélanger et ajouter un peu d'eau de cuisson si les pâtes semblent sèches.

6. Servir les pâtes saupoudrées de chapelure grillée.

Mouches aux artichauts et petits pois

Farfalles avec Carciofi

Donne 4 à 6 portions

Bien que de nombreuses stations italiennes ferment pendant les mois d'hiver, la plupart rouvrent à Pâques. C'était comme ça l'année à Portofino quand j'y étais, même si le temps était pluvieux et froid. Finalement le ciel s'est dégagé et le soleil s'est levé et mon mari et moi avons pu déjeuner sur la terrasse de notre hôtel avec vue sur la mer.

Nous avons commencé avec ces pâtes suivies d'un poisson entier cuit au four avec des olives. Le dessert était une tarte au citron. C'était le repas de Pâques parfait.

Si vous ne disposez pas de petits artichauts, remplacez-les par des artichauts plus gros coupés en croissants.

1 livre de petits artichauts

2 cuillères à soupe d'huile d'olive

1 petit oignon, finement haché

1 gousse d'ail, hachée finement

Sel et poivre noir fraîchement moulu

2 tasses de pois frais ou 1 paquet surgelé

1/2 tasse de basilic frais ou de persil plat haché

1 livre de farfalle

1/2 tasse de Parmigiano-Reggiano fraîchement râpé

1. À l'aide d'un grand couteau, coupez le haut de 1 pouce des artichauts. Rincez-les bien sous l'eau froide. Pliez et cassez les petites feuilles autour de la base. Utilisez des ciseaux pour couper les pointes pointues des feuilles restantes. Retirez la peau extérieure dure des tiges et autour de la base. Coupez les artichauts en deux. À l'aide d'un petit couteau à bout arrondi, grattez les feuilles duveteuses au centre. Coupez les artichauts en fines tranches.

2. Versez l'huile d'olive dans une casserole suffisamment grande pour contenir les pâtes cuites. Ajouter l'oignon et l'ail et cuire à feu moyen-vif pendant 10 minutes en

remuant de temps en temps. Ajoutez les artichauts et 2 cuillères à soupe d'eau. Ajoutez du sel et du poivre au goût. Cuire 10 minutes ou jusqu'à ce que les artichauts soient tendres.

3. Incorporer les petits pois. Cuire 5 minutes ou jusqu'à ce que les pois soient tendres. Retirer du feu et incorporer le basilic.

4. Portez à ébullition au moins 4 litres d'eau. Ajoutez 2 cuillères à soupe de sel puis les pâtes. Bien mélanger. Cuire en remuant fréquemment jusqu'à ce que les pâtes soient al dente, tendres mais fermes sous la dent. Mettez de côté un peu d'eau de cuisson. Égouttez les nouilles.

5. Si besoin, mélangez les pâtes avec la sauce aux artichauts et un peu d'eau de cuisson. Ajoutez un filet d'huile d'olive extra vierge et mélangez à nouveau. Mélanger avec le fromage et servir aussitôt.

Fettuccine aux artichauts et champignons

Fettuccine aux Carciofi et Cèpes

Donne 4 à 6 portions

Les artichauts et les cèpes peuvent sembler une combinaison inhabituelle, mais pas en Ligurie, où j'ai mangé ces pâtes. Comme ce plat est très savoureux, le fromage râpé n'est pas nécessaire, surtout si vous le terminez avec une bonne huile d'olive extra vierge.

1 once de champignons séchés

1 tasse d'eau tiède

1 livre d'artichauts

1/4 tasse d'huile d'olive

1 petit oignon, haché

1 gousse d'ail hachée très finement

2 cuillères à soupe de persil frais haché

1 tasse de tomates fraîches pelées, de tomates fraîches épépinées et hachées ou de tomates italiennes en conserve importées, égouttées et hachées

Sel et poivre noir fraîchement moulu

1 livre de fettuccine séchée

Huile d'olive vierge extra

1. Mettez les champignons dans l'eau et laissez-les tremper pendant 30 minutes. Retirez les champignons de l'eau et réservez le liquide. Rincez les champignons sous l'eau froide courante pour éliminer toute saleté. Portez une attention particulière aux extrémités des tiges où la terre s'accumule. Hachez grossièrement les champignons. Versez le liquide des champignons dans un bol. Mettre de côté.

2. À l'aide d'un grand couteau, coupez le haut de 1 pouce des artichauts. Rincez-les bien sous l'eau froide. Pliez et cassez les petites feuilles autour de la base. Utilisez des ciseaux pour couper les pointes pointues des feuilles restantes. Retirez la peau extérieure dure des tiges et autour de la base. Coupez les artichauts en deux. Utilisez un petit

couteau pour gratter les feuilles pelucheuses au centre. Coupez les artichauts en fines tranches.

3. Versez l'huile dans une casserole suffisamment grande pour contenir les pâtes cuites. Ajouter l'oignon, les champignons, le persil et l'ail et cuire à feu doux pendant 10 minutes. Incorporer les artichauts, les tomates, le sel et le poivre au goût. Faire bouillir pendant 10 minutes. Ajouter le liquide des champignons et cuire encore 10 minutes, ou jusqu'à ce que les artichauts soient tendres lorsqu'on les teste avec un couteau.

4. Portez à ébullition 4 litres d'eau dans une grande casserole. Ajoutez 2 cuillères à soupe de sel puis les pâtes. Bien mélanger. Cuire à feu vif, en remuant fréquemment, jusqu'à ce que les pâtes soient al dente, tendres mais fermes sous la dent. Mettez de côté un peu d'eau de cuisson. Égouttez les nouilles.

5. Si besoin, mélangez les pâtes avec la sauce et un peu d'eau de cuisson. Arroser d'huile d'olive extra vierge et servir immédiatement.

Rigatoni au ragoût d'aubergines

Rigatoni au Ragu di Melanzane

Donne 4 à 6 portions

La viande est généralement ajoutée à une sauce tomate pour faire un ragoût, mais cette version végétarienne de la Basilique utilise des aubergines car elles sont tout aussi riches et savoureuses.

Riga au nom d'une forme de pâte comme les rigatoni ou les penne rigate, cela signifie qu'elle a des crêtes qui servent de tentacules à la sauce. Les Rigatoni sont de grosses pâtes cannelées. Leur forme dense et large complète le ragoût copieux avec des ingrédients robustes.

1/4 tasse d'huile d'olive

1/4 tasse d'échalotes hachées

4 tasses d'aubergines hachées

1/2 tasse de poivron rouge haché

1/2 tasses de vin blanc sec

11/2 livre de tomates italiennes, pelées, épépinées et coupées en dés ou 2 tasses de tomates italiennes importées en conserve avec jus

Un brin de thym frais

Sel

Poivre noir fraichement moulu

1 livre de rigatoni, penne ou farfalle

Huile d'olive extra vierge pour arroser

1. Versez l'huile dans une grande poêle à fond épais. Ajouter les échalotes et cuire à feu moyen pendant 1 minute. Ajouter l'aubergine et le poivron rouge. Cuire en remuant fréquemment jusqu'à ce que les légumes soient fanés, environ 10 minutes.

2. Ajouter le vin et cuire 1 minute jusqu'à évaporation.

3. Ajouter les tomates, le thym, le sel et le poivre au goût. Réduire le feu au minimum. Cuire, en remuant de temps en temps, pendant 40 minutes ou jusqu'à ce que la sauce épaississe et que les légumes soient tendres. Si le mélange est trop sec, ajoutez un peu d'eau. Retirez le thym.

4. Portez à ébullition au moins 4 litres d'eau dans une grande casserole. Ajoutez 2 cuillères à soupe de sel puis les pâtes. Bien mélanger. Cuire à feu vif, en remuant fréquemment, jusqu'à ce que les pâtes soient al dente, tendres mais fermes sous la dent. Mettez de côté un peu d'eau de cuisson. Égouttez les nouilles et placez-les dans un bol chaud.

5. Versez la sauce avec une cuillère et mélangez bien. Ajoutez un peu d'eau de cuisson si nécessaire. Arrosez d'un peu d'huile d'olive extra vierge et mélangez à nouveau. Sers immédiatement.

Spaghettis siciliens aux aubergines

Spaghettis à la Norma

Donne 4 à 6 portions

*Norme*est le nom d'un bel opéra composé par le sicilien Vincenzo Bellini. Ces pâtes à base d'aubergines - un légume préféré en Sicile - doivent leur nom à l'opéra.

La ricotta salata est une forme pressée de ricotta qui peut être tranchée comme du fromage ou râpée sur des pâtes. Il existe également une version fumée particulièrement savoureuse, même si je n'en ai jamais vu en dehors de la Sicile. Si vous ne trouvez pas de ricotta salata, remplacez la feta, qui est très similaire, ou utilisez du pecorino romano.

1 aubergine moyenne, parée et coupée en tranches de 1/4 de pouce

Sel

Huile d'olive pour la friture

2 gousses d'ail légèrement écrasées

Une pincée de poivron rouge moulu

3 livres de tomates italiennes mûres, pelées, épépinées et hachées, ou 1 (28 oz) peuvent importer des tomates italiennes pelées, égouttées et hachées

6 feuilles de basilic frais

1 livre de spaghetti

1 tasse de ricotta salata râpée ou de pecorino romano

1. Placer les tranches d'aubergines dans une passoire sur une assiette et saupoudrer chaque couche de sel. Laisser reposer 30 à 60 minutes. Rincez l'aubergine et séchez-la très bien avec du papier absorbant.

2. Versez environ 1/2 pouce d'huile dans une poêle profonde et épaisse. Faites chauffer l'huile à feu moyen-vif jusqu'à ce qu'un petit morceau d'aubergine commence à grésiller dans la poêle. Faites frire les tranches d'aubergines une à une jusqu'à ce qu'elles soient dorées des deux côtés. Égoutter sur du papier absorbant.

3. Versez 3 cuillères à soupe d'huile dans une casserole moyenne. Ajouter l'ail et le poivron rouge écrasé et cuire à feu moyen-vif jusqu'à ce que l'ail soit bien doré, environ 4 minutes. Retirez l'ail. Ajouter les tomates et le sel au goût. Réduire le feu à doux et laisser mijoter pendant 20 à 30 minutes ou jusqu'à ce que la sauce épaississe. Incorporer le basilic et éteindre le feu.

4. Portez à ébullition au moins 4 litres d'eau dans une grande casserole. Ajoutez 2 cuillères à soupe de sel puis les pâtes. Bien mélanger. Cuire à feu vif, en remuant fréquemment, jusqu'à ce que les pâtes soient al dente, tendres mais encore fermes sous la dent. Mettez de côté un peu d'eau de cuisson. Égouttez les nouilles.

5. Placez les pâtes avec la sauce dans un bol chaud et ajoutez un peu d'eau de cuisson si nécessaire. Ajoutez le fromage et mélangez à nouveau. Garnir de tranches d'aubergines et servir immédiatement.

Noeuds papillon au brocoli, tomates, pignons de pin et raisins secs

Farfalles à la Sicilienne

Donne 4 à 6 portions

Les pignons de pin apportent un croquant agréable et les raisins secs ajoutent de la douceur à ces délicieuses pâtes siciliennes. Le brocoli est cuit dans la même casserole que les pâtes, donc les saveurs se marient vraiment. Si vous utilisez de grosses tomates rondes au lieu de tomates prunes, vous pouvez les remplacer, même si la sauce sera plus fine et prendra un peu plus de temps à cuire.

1/3 tasse d'huile d'olive

2 gousses d'ail hachées finement

Une pincée de poivron rouge moulu

2 1/2 livres de tomates italiennes fraîches (environ 15), pelées, épépinées et hachées

Sel et poivre noir fraîchement moulu

2 cuillères à soupe de raisins secs

1 livre de farfalle

1 botte moyenne de brocoli, tiges enlevées et coupées en petits fleurons

2 cuillères à soupe de pignons de pin grillés

1. Versez l'huile dans une casserole suffisamment grande pour contenir les pâtes. Ajouter l'ail et le poivron rouge écrasé. Cuire à feu moyen jusqu'à ce que l'ail soit doré, environ 2 minutes. Ajouter les tomates, saler et poivrer au goût. Porter à ébullition et laisser mijoter jusqu'à ce que la sauce épaississe, 15 à 20 minutes. Incorporer les raisins secs et retirer du feu.

2. Portez à ébullition au moins 4 litres d'eau dans une grande casserole. Ajoutez 2 cuillères à soupe de sel puis les pâtes. Bien mélanger. Cuire en remuant fréquemment jusqu'à ce que l'eau bout à nouveau.

3. Ajoutez le brocoli aux pâtes. Cuire en remuant fréquemment jusqu'à ce que les pâtes soient al dente,

tendres mais fermes sous la dent. Mettez de côté un peu d'eau de cuisson.

4. Égoutter les pâtes et le brocoli. Ajoutez-les dans la poêle avec les tomates et ajoutez un peu d'eau de cuisson si besoin. Jetez bien. Saupoudrer de pignons de pin et servir aussitôt.

Cavatelli aux légumes à l'ail et pommes de terre

Cavatelli avec Verdure et Patate

Donne 4 à 6 portions

Laver les légumes n'est pas ma tâche préférée, mais trouver du sable dans les aliments est encore pire, alors je les lave au moins trois fois. Cela en vaut la peine. Vous ne pouvez utiliser qu'une seule variété dans cette recette, mais un mélange de deux ou trois légumes verts différents ajoutera une texture et une saveur intéressantes au plat.

Les pommes de terre de cette recette doivent être coupées en petits morceaux pour cuire avec les pâtes. Ils finissent par être un peu trop cuits et friables, ce qui donne aux pâtes une onctuosité crémeuse.

1 1/2 livres de légumes verts assortis, comme le brocoli, le mizuna, les feuilles de moutarde, le chou frisé ou les feuilles de pissenlit, parés

Sel

1/3 tasse d'huile d'olive

4 gousses d'ail, tranchées finement

Une pincée de poivron rouge moulu

Sel et poivre noir fraîchement moulu

1 livre de cavatelli

1 livre de pommes de terre bouillies, pelées et coupées en morceaux de 1/2 pouce

1. Remplissez un évier ou un grand bol d'eau froide. Ajoutez les légumes et mettez-les dans l'eau. Transférez les légumes dans une passoire, changez l'eau et répétez au moins deux fois pour éliminer toute trace de sable.

2. Porter une grande casserole d'eau à ébullition. Ajouter les légumes et le sel au goût. Selon la variété que vous utilisez, faites cuire jusqu'à ce que les légumes soient tendres, 5 à 10 minutes. Égouttez les légumes et laissez-les refroidir légèrement sous l'eau froide courante. Coupez les légumes en bouchées.

3. Versez l'huile dans une casserole suffisamment grande pour contenir les pâtes cuites. Ajouter l'ail et le poivron rouge écrasé. Cuire à feu moyen jusqu'à ce que l'ail soit doré, 2 minutes. Ajoutez les légumes et une pincée de sel. Cuire en remuant jusqu'à ce que les légumes soient enrobés d'huile, environ 5 minutes.

4. Portez à ébullition au moins 4 litres d'eau dans une grande casserole. Ajoutez 2 cuillères à soupe de sel puis les pâtes. Cuire en remuant fréquemment jusqu'à ce que l'eau bout à nouveau. Ajouter les pommes de terre et cuire jusqu'à ce que les pâtes soient al dente, tendres mais fermes sous la dent. Mettez de côté un peu d'eau de cuisson. Égouttez les nouilles.

5. Ajouter les pâtes et les pommes de terre aux légumes et bien mélanger. Si les nouilles semblent sèches, ajoutez un peu d'eau de cuisson. Sers immédiatement.

Linguine aux courgettes

Linguine aux courgettes

Donne 4 à 6 portions

Résistez à l'envie d'acheter uniquement des courgettes de petite ou moyenne taille et dites non merci à vos amis jardiniers qui ont désespérément besoin de courges de la taille d'un teckel. Les courgettes géantes sont aqueuses, collantes et insipides, mais celles qui sont aussi longues qu'un hot-dog et pas plus épaisses qu'une saucisse sont tendres et délicieuses.

J'aime particulièrement le Pecorino Romano - un fromage feta piquant et épicé du sud de l'Italie - dans cette recette.

6 petites courgettes vertes ou jaunes (environ 2 livres)

1/3 tasse d'huile d'olive

3 gousses d'ail hachées finement

Sel et poivre noir fraîchement moulu

1/4 tasse de basilic frais haché

2 cuillères à soupe de persil frais haché

1 cuillère à soupe de thym frais haché

1 livre de linguines

1/2 tasse de Pecorino Romano fraîchement râpé

1. Frotter les courgettes sous l'eau froide. Coupez les extrémités. Couper en quatre dans le sens de la longueur, puis trancher.

2. Dans une poêle suffisamment grande pour contenir les pâtes, chauffer l'huile à feu moyen-vif. Ajouter les courgettes et cuire, en remuant de temps en temps, jusqu'à ce qu'elles soient légèrement dorées et tendres, environ 10 minutes. Poussez les courgettes sur le côté de la poêle et ajoutez l'ail, le sel et le poivre. Laissez bouillir 2 minutes. Ajoutez les herbes, remuez les courgettes dans l'assaisonnement, puis retirez du feu.

3. Pendant que les courgettes cuisent, portez à ébullition 4 litres d'eau dans une grande casserole. Ajoutez 2 cuillères à soupe de sel puis les pâtes. Bien mélanger. Cuire à feu vif,

en remuant fréquemment, jusqu'à ce que les pâtes soient al dente, tendres mais fermes sous la dent. Mettez de côté un peu d'eau de cuisson.

4. Égouttez les nouilles. Ajoutez les nouilles dans la poêle avec les courgettes. Bien mélanger et ajouter un peu d'eau de cuisson au besoin. Ajoutez le fromage et mélangez à nouveau. Sers immédiatement.

Penne aux légumes grillés

Pâtes à la Verdure alla Griglia

Donne 4 à 6 portions

Bien que je laisse habituellement la peau sur l'aubergine, les grillades ont tendance à durcir la peau. Je les épluche donc avant d'allumer le grill. Si vos aubergines ne sont pas fraîches de la ferme, vous pouvez les saler avant la cuisson pour réduire l'amertume qui augmente à mesure que le légume mûrit. Pour cela, épluchez et coupez l'aubergine, puis superposez les tranches dans une passoire et saupoudrez chaque couche de gros sel. Laisser poser 30 à 60 minutes pour éliminer le liquide. Rincez le sel, séchez et faites cuire comme indiqué.

2 livres de tomates italiennes (environ 12)

huile d'olive

1 aubergine moyenne, pelée et coupée en tranches épaisses

2 oignons doux rouges ou blancs de taille moyenne, tranchés épaissement

Sel et poivre noir fraîchement moulu

2 gousses d'ail hachées très finement

12 feuilles de basilic frais déchirées en petits morceaux

1 livre de penne

1/2 tasse de Pecorino Romano fraîchement râpé

1. Placez le gril ou la grille du gril à environ 5 cm de la source de chaleur. Préchauffer le grill ou le grill. Placez les tomates sur le gril. Cuire fréquemment, à l'aide de pinces, jusqu'à ce que les tomates soient tendres et que la peau soit légèrement carbonisée et relâchée. Retirez les tomates. Frotter les tranches d'aubergines et d'oignons avec de l'huile et saupoudrer de sel et de poivre. Griller jusqu'à ce que les légumes soient tendres et dorés mais pas noircis, environ 5 minutes de chaque côté.

2. Pelez la peau des tomates et coupez les extrémités des tiges. Placez les tomates dans un grand bol et écrasez-les bien avec une fourchette. Incorporer l'ail, le basilic, 1/4 tasse d'huile et le sel et le poivre au goût.

3. Coupez les aubergines et les oignons en fines tranches et ajoutez-les aux tomates.

4. Portez à ébullition au moins 4 litres d'eau dans une grande casserole. Ajoutez 2 cuillères à soupe de sel puis les pâtes. Bien mélanger. Cuire à feu vif, en remuant fréquemment, jusqu'à ce que les pâtes soient al dente, tendres mais fermes sous la dent. Réservez un peu du liquide de cuisson.

5. Égouttez les nouilles. Mélangez les nouilles avec les légumes dans un grand bol. Si les nouilles semblent sèches, ajoutez un peu d'eau de cuisson. Ajouter le fromage et servir immédiatement.

Penne aux champignons, ail et romarin

Penne aux champignons

Donne 4 à 6 portions

Vous pouvez utiliser n'importe quel type de champignon dans cette recette, tel que : B. Oyster, Shiitake, Cremini ou la variété blanche normale. Une combinaison est particulièrement bonne. Si vous avez des champignons vraiment sauvages comme les morilles, veillez à bien les nettoyer car ils peuvent être très rugueux.

1/4 tasse d'huile d'olive

1 livre de champignons, tranchés finement

2 grosses gousses d'ail, hachées finement

2 cuillères à café de romarin frais haché très finement

Sel et poivre noir fraîchement moulu

1 livre de penne ou de farfalle

2 cuillères à soupe de beurre non salé

2 cuillères à soupe de persil frais haché

1. Dans une poêle suffisamment grande pour contenir les pâtes, chauffer l'huile à feu moyen-vif. Ajouter les champignons, l'ail et le romarin. Cuire en remuant fréquemment jusqu'à ce que les champignons commencent à libérer leur liquide, environ 10 minutes. Ajoutez du sel et du poivre au goût. Cuire en remuant fréquemment jusqu'à ce que les champignons soient dorés, encore 5 minutes.

2. Portez à ébullition au moins 4 litres d'eau dans une grande casserole. Ajoutez 2 cuillères à soupe de sel puis les pâtes. Bien mélanger. Cuire à feu vif, en remuant fréquemment, jusqu'à ce que les pâtes soient al dente, tendres mais fermes sous la dent. Mettez de côté un peu d'eau de cuisson.

3. Égouttez les nouilles. Ajouter les pâtes dans la poêle avec les champignons, le beurre et le persil. Si les nouilles semblent sèches, ajoutez un peu d'eau de cuisson. Sers immédiatement.

Linguine à la betterave et à l'ail

Linguine au barbabietol

Donne 4 à 6 portions

Les pâtes et les betteraves peuvent sembler une combinaison inhabituelle, mais après les avoir essayées dans une petite ville de la côte d'Émilie-Romagne, elles font partie de mes préférées. Ce sont non seulement délicieuses, mais aussi l'une des plus belles pâtes que je connaisse. Tout le monde sera émerveillé par sa couleur étonnante. Faites-le à la fin de l'été et au début de l'automne, lorsque les betteraves fraîches sont les plus sucrées.

8 betteraves moyennes, coupées en tranches

1/3 tasse d'huile d'olive

3 gousses d'ail hachées finement

Une pincée de poivron rouge moulu ou au goût

Sel

1 livre de linguines

1. Placez une grille au centre du four. Préchauffer le four à 450° F. Frottez les betteraves et enveloppez-les bien dans une grande feuille de papier d'aluminium. Placer le paquet sur une plaque à pâtisserie. Cuire au four de 45 à 75 minutes, selon la taille, ou jusqu'à ce que les betteraves soient tendres au toucher lorsqu'on les perce avec un couteau bien aiguisé. Laissez refroidir la betterave dans du papier d'aluminium. Épluchez et hachez la betterave.

2. Versez l'huile dans une casserole suffisamment grande pour contenir les pâtes cuites. Ajouter l'ail et le poivron rouge écrasé. Cuire à feu moyen jusqu'à ce que l'ail soit doré, environ 2 minutes. Ajouter les betteraves et incorporer au mélange d'huile jusqu'à ce qu'elles soient bien chaudes.

3. Portez à ébullition au moins 4 litres d'eau dans une grande casserole. Ajoutez 2 cuillères à soupe de sel puis les pâtes. Bien mélanger. Cuire à feu vif, en remuant fréquemment, jusqu'à ce que les pâtes soient al dente, tendres mais fermes sous la dent.

4.Égoutter les pâtes et réserver un peu d'eau de cuisson. Versez les linguines dans la poêle avec les betteraves. Ajoutez un peu d'eau de cuisson et faites cuire à feu moyen. À l'aide d'une fourchette et d'une cuillère, mélanger les nouilles jusqu'à ce qu'elles soient uniformément colorées, environ 2 minutes. Sers immédiatement.

Vole avec des betteraves et des verts

Farfalles à la Barbabietole

Donne 4 à 6 portions

Ceci est une variante<u>Linguine à la betterave et à l'ail</u>Recette aux betteraves et légumes. Si le dessus des betteraves semble mou ou brun, remplacez-le par environ une livre d'épinards frais, de blettes ou d'autres légumes verts.

1 botte de betteraves fraîches avec fanes (4 à 5 betteraves)

1/3 tasse d'huile d'olive

2 grosses gousses d'ail, hachées finement

Sel et poivre noir fraîchement moulu

1 livre de farfalle

4 onces de ricotta salata, râpée

1. Placez une grille au centre du four. Préchauffer le four à 450° F. Couper les feuilles de betterave et réserver. Frottez les betteraves et enveloppez-les bien dans une grande

feuille de papier d'aluminium. Placer le paquet sur une plaque à pâtisserie. Cuire au four de 45 à 75 minutes, selon la taille, ou jusqu'à ce que les betteraves soient tendres au toucher lorsqu'on les perce avec un couteau bien aiguisé. Laissez refroidir la betterave dans du papier d'aluminium. Déballez le papier d'aluminium, épluchez et coupez les betteraves.

2. Lavez bien les légumes et retirez les tiges dures. Porter une grande casserole d'eau à ébullition. Ajouter les légumes et le sel au goût. Cuire 5 minutes ou jusqu'à ce que les légumes soient tendres. Égoutter et refroidir les légumes sous l'eau courante. Hachez grossièrement les légumes.

3. Versez l'huile dans une poêle suffisamment grande pour contenir toutes les pâtes et les légumes. Ajoutez l'ail. Cuire à feu moyen jusqu'à ce que l'ail soit doré, environ 2 minutes. Ajoutez les betteraves et les légumes ainsi qu'une pincée de sel et de poivre. Cuire en remuant pendant environ 5 minutes ou jusqu'à ce que les légumes soient bien chauds.

4. Portez à ébullition au moins 4 litres d'eau dans une grande casserole. Ajoutez 2 cuillères à soupe de sel puis les pâtes. Bien mélanger. Cuire à feu vif, en remuant fréquemment, jusqu'à ce que les pâtes soient al dente, tendres mais fermes sous la dent.

5. Égoutter les pâtes et réserver un peu d'eau de cuisson. Ajoutez les pâtes dans la poêle avec les betteraves. Ajoutez un peu d'eau de cuisson et faites cuire en remuant jusqu'à ce que les nouilles soient uniformément colorées, environ 1 minute. Ajoutez le fromage et mélangez à nouveau. Servir immédiatement avec une généreuse pincée de poivre noir fraîchement moulu.

Pâtes à la salade

Pâtes à l'Insalata

Donne 4 à 6 portions

Les pâtes accompagnées d'une salade de légumes frais constituent un délicieux repas d'été léger. Je l'ai mangé lors d'une visite à des amis dans le Piémont. Ne le laissez pas trop longtemps, sinon les légumes perdraient leur goût et leur aspect brillants.

2 tomates moyennes, hachées

1 fenouil moyen, paré et coupé en bouchées

1 petit oignon rouge, haché

1/4 tasse d'huile d'olive extra vierge

2 cuillères à soupe de basilic coupé en fins rubans

Sel et poivre noir fraîchement moulu

2 tasses de roquette, coupée en morceaux, déchirée en morceaux

1 livre coudée

1. Dans un grand bol, mélanger les tomates, le fenouil, l'oignon, l'huile d'olive, le basilic, le sel et le poivre au goût. Bien mélanger. Mettez la roquette dessus.

2. Portez à ébullition au moins 4 litres d'eau dans une grande casserole. Ajoutez 2 cuillères à soupe de sel puis les pâtes. Cuire à feu vif, en remuant fréquemment, jusqu'à ce que les pâtes soient al dente, tendres mais fermes sous la dent. Mettez de côté un peu d'eau de cuisson. Égouttez les nouilles.

3. Mélangez les nouilles avec le mélange de salade. Si les nouilles semblent sèches, ajoutez un peu d'eau de cuisson. Sers immédiatement.

Fusilli aux tomates rôties

Fusilli au Pomodori al Forno

Donne 4 à 6 portions

Les tomates rôties sont un plat d'accompagnement préféré chez moi, quelque chose que je sers avec du poisson, des côtelettes de veau ou un steak. Un jour, j'avais préparé une grande casserole pleine de nourriture, mais je n'avais rien pour la servir à part des nouilles séchées. J'ai ajouté les tomates rôties et leur jus aux fusilli fraîchement cuits. Maintenant, je le fais tout le temps.

2 livres de tomates italiennes mûres (environ 12 à 14), coupées en tranches de 1/4 de pouce

3 grosses gousses d'ail, hachées finement

1/2 cuillères à café d'origan séché

Sel et poivre noir fraîchement moulu

1/3 tasse d'huile d'olive

1 livre de fusilli

1/2 tasse de basilic frais ou de persil plat haché

1. Placez une grille au centre du four. Préchauffer le four à 400° F. Beurrer une poêle ou une poêle de 13 x 9 x 2 pouces.

2. Placer la moitié des tranches de tomates dans le bol préparé. Assaisonner au goût avec de l'ail, de l'origan, du sel et du poivre. Disposez dessus les tomates restantes. Arroser d'huile.

3. Cuire au four pendant 30 à 40 minutes jusqu'à ce que les tomates soient tendres. Retirez le bol du four.

4. Portez à ébullition au moins 4 litres d'eau dans une grande casserole. Ajoutez 2 cuillères à soupe de sel puis les pâtes. Bien mélanger. Cuire à feu vif, en remuant fréquemment, jusqu'à ce que les pâtes soient al dente, tendres mais fermes sous la dent. Égoutter les pâtes et réserver un peu d'eau de cuisson.

5. Placer les pâtes sur les tomates cuites et bien mélanger. Ajoutez du basilic ou du persil et mélangez à nouveau. Si les nouilles semblent sèches, ajoutez un peu d'eau de cuisson. Sers immédiatement.

Crêpes aux pommes de terre, tomates et roquette

La Bandiera

Donne 6 à 8 portions

Dans les Pouilles, ces pâtes sont appelées « drapeau » car elles présentent les couleurs rouge, blanche et verte du drapeau italien. Certains cuisiniers le préparent avec plus de liquide et le servent en soupe.

1/4 tasse d'huile d'olive

2 grosses gousses d'ail, hachées finement

Une pincée de poivron rouge moulu

1 1/2 livres de tomates italiennes mûres, pelées, épépinées et hachées (environ 3 tasses)

2 cuillères à soupe de basilic frais haché

Sel et poivre noir fraîchement moulu

1 livre coudée

3 pommes de terre à ébullition moyenne (1 livre), pelées et coupées en morceaux de 1/2 pouce

2 bottes de roquette, parées et coupées en longueurs de 1 pouce (environ 4 tasses)

1/3 tasse de Pecorino Romano fraîchement râpé

1. Versez l'huile dans une casserole suffisamment grande pour contenir les pâtes. Ajouter l'ail et le poivron rouge écrasé. Cuire à feu moyen jusqu'à ce que l'ail soit doré, 2 minutes.

2. Ajouter les tomates, le basilic, le sel et le poivre au goût. Porter à ébullition et cuire, en remuant de temps en temps, jusqu'à ce que la sauce épaississe, environ 10 minutes.

3. Portez à ébullition au moins 4 litres d'eau dans une grande casserole. Ajoutez 2 cuillères à soupe de sel puis les pâtes. Bien mélanger. Lorsque l'eau bout à nouveau, incorporez les pommes de terre. Cuire en remuant fréquemment jusqu'à ce que les pâtes soient al dente, tendres mais fermes sous la dent.

4. Égouttez les pâtes et les pommes de terre en réservant un peu d'eau de cuisson. Mélangez les pâtes, les pommes de terre et la roquette à la sauce tomate cuite. Cuire 1 à 2 minutes en remuant constamment ou jusqu'à ce que les pâtes et les légumes soient bien enrobés de sauce. Si les nouilles semblent sèches, ajoutez un peu d'eau de cuisson.

5. Incorporer le fromage et servir immédiatement.

Langue romaine dans un style campagnard

Linguine à la Ciociara

Donne 4 à 6 portions

J'ai découvert ces pâtes romaines grâce à mes amis Diane Darrow et Tom Maresca qui écrivent sur le vin et la cuisine italienne. Le nom signifie « style paysan » dans le dialecte local. La saveur fraîche et herbacée du poivron vert rend ces pâtes légères inhabituelles.

1 poivron vert moyen

1/2 tasse d'huile d'olive

2 tasses de tomates fraîches, pelées, épépinées et hachées, ou de tomates italiennes en conserve égouttées et hachées

1/2 tasse de gaeta grossièrement hachée ou d'autres olives noires conservées dans de l'huile fine

Sel

Une pincée de poivron rouge moulu

1 livre de linguines ou de spaghettis

1/2 tasse de Pecorino Romano fraîchement râpé

1. Coupez le poivron en deux et retirez la tige et les graines. Coupez le poivron en tranches très fines dans le sens de la longueur, puis en trois dans le sens de la largeur.

2. Dans une poêle suffisamment grande pour contenir les spaghettis cuits, chauffer l'huile à feu moyen-vif. Ajouter les tomates, le poivre, les olives, le sel au goût et le poivron rouge broyé. Porter à ébullition et cuire, en remuant de temps en temps, jusqu'à ce que la sauce épaississe, environ 20 minutes.

3. Portez à ébullition au moins 4 litres d'eau dans une grande casserole. Ajoutez 2 cuillères à soupe de sel puis les pâtes. Bien mélanger. Cuire à feu vif, en remuant fréquemment, jusqu'à ce que les pâtes soient al dente, tendres mais fermes sous la dent. Égoutter les pâtes et réserver un peu d'eau de cuisson.

4. Placer les pâtes dans la poêle avec la sauce. Cuire et remuer à feu moyen-vif pendant 1 minute, en ajoutant un peu de

l'eau de cuisson réservée si les nouilles semblent sèches. Ajoutez le fromage et mélangez à nouveau. Sers immédiatement.

Penne aux légumes printaniers et à l'ail

Penne à la Primavera

Donne 4 à 6 portions

Bien que la méthode classique de préparation de la sauce Primavera consiste à utiliser de la crème et du beurre, cette méthode à base d'huile d'olive aromatisée à l'ail est également bonne.

1/4 tasse d'huile d'olive

4 gousses d'ail hachées finement

8 asperges, coupées en bouchées

4 oignons nouveaux, coupés en tranches de 1/4 po

3 très petites courgettes (environ 12 onces), coupées en tranches de 1/4 de pouce

2 carottes moyennes, coupées en tranches de 1/4 po

2 cuillères à soupe d'eau

Sel et poivre noir fraîchement moulu

2 tasses de petites tomates cerises ou raisins, coupées en deux

3 cuillères à soupe de persil frais haché

1/2 tasse de Pecorino Romano fraîchement râpé

1. Versez l'huile dans une casserole suffisamment grande pour contenir les pâtes. Ajouter l'ail et cuire à feu moyen pendant 2 minutes. Incorporer les asperges, la ciboule, la courgette, la carotte, l'eau et le sel et le poivre au goût. Couvrez la casserole et réduisez la température. Cuire jusqu'à ce que les carottes soient presque tendres, 5 à 10 minutes.

2. Portez à ébullition au moins 4 litres d'eau dans une grande casserole. Ajoutez 2 cuillères à soupe de sel puis les pâtes. Bien mélanger. Cuire à feu vif, en remuant fréquemment, jusqu'à ce que les pâtes soient al dente, tendres mais fermes sous la dent. Égoutter les pâtes et réserver un peu d'eau de cuisson.

3. Mélangez les tomates et le persil dans la poêle avec les légumes et mélangez bien. Ajoutez les pâtes et le fromage et mélangez à nouveau. Si les nouilles semblent sèches, ajoutez un peu d'eau de cuisson. Sers immédiatement.

Pâtes "effilochées" à la crème et aux champignons

Pâtes Strascinata

Donne 4 à 6 portions

La principale raison de visiter Torgiano en Ombrie est de séjourner au Tre Vasella, une belle auberge de campagne avec un bon restaurant. Mon mari et moi y avons mangé ces pâtes "paresseuses" inhabituelles il y a quelques années. Des tubes de pâtes courts et pointus appelés pennette étaient cuits directement dans la sauce à la manière d'un risotto. Je n'ai jamais vu de pâtes cuites comme ça ailleurs.

La technique étant complètement différente, assurez-vous de lire la recette avant de commencer et laissez le bouillon et tous les ingrédients chauffer avant de commencer.

La famille de vignerons Lungarotti possède Le Tre Vaselle et l'un de leurs excellents rouges comme le Rubesco se marie parfaitement avec ces pâtes.

1 oignon moyen, finement haché

6 cuillères à soupe d'huile d'olive

1 livre de Pennette, Ditalini ou Tubetti

2 cuillères à soupe de cognac

5 tasses de chaud fait maisonSoupe à la viandeousoupe au pouletou 2 tasses de bouillon en conserve mélangées à 3 tasses d'eau

8 onces de champignons blancs tranchés

Sel et poivre noir fraîchement moulu

3/4 tasse de crème épaisse

1 tasse de Parmigiano-Reggiano fraîchement râpé

1 cuillère à soupe de persil frais haché

1. Dans une poêle suffisamment grande pour contenir toutes les pâtes, cuire l'oignon dans 2 cuillères à soupe d'huile à feu moyen-vif jusqu'à ce qu'il soit tendre et doré, environ 10 minutes. Râpez l'oignon dans un bol et déglacez la poêle.

2. Versez les 4 cuillères à soupe d'huile restantes dans la poêle et faites chauffer à feu moyen-vif. Ajouter les nouilles et cuire, en remuant fréquemment, jusqu'à ce qu'elles commencent à dorer, environ 5 minutes. Ajouter le cognac et cuire jusqu'à évaporation.

3. Remettez les oignons dans la poêle et incorporez 2 tasses de bouillon chaud. Réduire le feu à moyen-vif et cuire en remuant fréquemment jusqu'à ce que la majeure partie du bouillon soit absorbée. Incorporer encore 2 tasses de bouillon. Lorsque la majeure partie du liquide est absorbée, incorporez les champignons. En remuant constamment, versez le reste du bouillon au besoin pour garder les nouilles humides. Assaisonnez avec du sel et du poivre.

4. Environ 12 minutes après avoir commencé à ajouter le bouillon, les pâtes doivent être presque al dente, tendres mais fermes sous la dent. Incorporer la crème et laisser mijoter jusqu'à ce qu'elle épaississe légèrement, environ 1 minute.

5. Retirez la casserole du feu et incorporez le fromage. Incorporer le persil et servir immédiatement.

Pâtes romaines aux tomates et mozzarella

Pâtes à la Checa

Donne 4 à 6 portions

Lorsque mon mari a essayé ces pâtes pour la première fois à Rome, il les a tellement aimées qu'il les a mangées pratiquement tous les jours de notre séjour. Assurez-vous d'utiliser de la mozzarella fraîche et crémeuse et des tomates bien mûres. Ce sont les pâtes parfaites pour une journée d'été.

3 tomates moyennement mûres

1/4 tasse d'huile d'olive extra vierge

1 petite gousse d'ail, hachée finement

Sel et poivre noir fraîchement moulu

20 feuilles de basilic

1 livre de Tubetti ou Ditalini

8 onces de mozzarella fraîche, coupée en petits cubes

1. Coupez les tomates en deux et retirez les graines. Pressez les graines de tomates. Hachez les tomates et placez-les dans un bol suffisamment grand pour contenir tous les ingrédients.

2. Mélanger l'huile, l'ail, le sel et le poivre au goût. Empilez les feuilles de basilic et coupez-les en fins rubans. Mélangez le basilic aux tomates. Cette sauce peut être préparée à l'avance et conservée à température ambiante jusqu'à 2 heures.

3. Portez à ébullition au moins 4 litres d'eau dans une grande casserole. Ajoutez 2 cuillères à soupe de sel puis les pâtes. Bien mélanger. Cuire à feu vif, en remuant fréquemment, jusqu'à ce que les pâtes soient al dente, tendres mais fermes sous la dent. Égouttez les pâtes et mélangez-les à la sauce. Ajoutez la mozzarella et mélangez à nouveau. Sers immédiatement.

Fusilli au thon et tomates

Fusilli au Tonno

Donne 4 à 6 portions

Autant j'apprécie les bons steaks de thon frais qui sont rarement grillés, autant je pense que j'aime probablement encore mieux le thon en conserve. Ils font bien sûr d'excellents sandwichs et salades, mais les Italiens ont de nombreuses autres utilisations, comme dans le classique vitello tonnato (<u>Veau sauce thon</u>) pour le veau ou façonné en gâteau ou combiné avec des pâtes, comme le font souvent les cuisiniers en Sicile. N'utilisez pas de thon rempli d'eau pour cette sauce. Le goût est trop fade et la texture trop humide. Pour une saveur et une texture optimales, utilisez une bonne marque de thon conditionné dans de l'huile d'olive d'Italie ou d'Espagne.

3 tomates moyennes, hachées

1 (7 oz) peut importer du thon italien ou espagnol emballé dans de l'huile d'olive

10 feuilles de basilic frais hachées

1/2 cuillère à café d'origan séché, écrasé

Une pincée de poivron rouge moulu

Sel

1 livre de fusilli ou de redelle

1. Dans un grand bol, assaisonner les tomates, le thon avec l'huile, le basilic, l'origan, le poivron rouge et le sel.

2. Portez à ébullition au moins 4 litres d'eau dans une grande casserole. Ajoutez 2 cuillères à soupe de sel puis les pâtes. Bien mélanger. Cuire à feu vif, en remuant fréquemment, jusqu'à ce que les pâtes soient al dente, tendres mais fermes sous la dent. Mettez de côté un peu d'eau de cuisson. Égouttez les nouilles.

3. Mélangez les pâtes avec la sauce. Si les nouilles semblent sèches, ajoutez un peu d'eau de cuisson. Sers immédiatement.

Linguine au pesto sicilien

Linguine au Pesto Trapanese

Donne 4 à 6 portions

La sauce pesto est généralement associée à la Ligurie, mais il s'agit principalement de basilic et d'ail. En italien, le pesto désigne tout ce qui est fouetté, haché ou écrasé. C'est ainsi que cette sauce est habituellement préparée à Trapani, une ville côtière de l'ouest de la Sicile.

Il y a beaucoup de saveur dans ce plat ; Pas besoin de fromage.

1/2 tasse d'amandes blanchies

2 grosses gousses d'ail

1/2 tasse de feuilles de basilic frais tassées

Sel et poivre noir fraîchement moulu

1 livre de tomates fraîches, pelées, épépinées et hachées

1/3 tasse d'huile d'olive extra vierge

1 livre de linguines

1. Dans un robot culinaire ou un mélangeur, mélanger les amandes, l'ail, le basilic, le sel et le poivre au goût. Hachez finement les ingrédients. Ajouter les tomates et l'huile et mélanger jusqu'à consistance lisse.

2. Portez à ébullition au moins 4 litres d'eau dans une grande casserole. Ajoutez 2 cuillères à soupe de sel, puis ajoutez les nouilles et appuyez doucement jusqu'à ce que les nouilles soient complètement immergées dans l'eau. Bien mélanger. Cuire à feu vif, en remuant fréquemment, jusqu'à ce que les pâtes soient al dente, tendres mais fermes sous la dent. Mettez de côté un peu d'eau de cuisson. Égouttez les nouilles.

3. Versez les nouilles dans un grand bol chaud. Ajouter la sauce et bien mélanger. Si les nouilles semblent sèches, ajoutez un peu de l'eau réservée aux pâtes. Sers immédiatement.

Spaghettis au pesto "Crazy".

Spaghettis au Pesto Matto

Donne 4 à 6 portions

Cette recette est tirée du livret "Les plaisirs de cuisiner des pâtes" édité par l'entreprise italienne de pâtes Agnesi. Les recettes ont été soumises par des cuisiniers amateurs et l'auteur de cette recette a probablement improvisé ce pesto non traditionnel (d'où son nom).

2 tomates moyennement mûres, pelées, épépinées et hachées

1/2 tasse d'olives noires hachées

6 feuilles de basilic, empilées et coupées en fins rubans

1 cuillère à soupe de thym frais haché

1/4 tasse d'huile d'olive

Sel et poivre noir fraîchement moulu

1 livre de spaghettis ou de linguines

4 onces de fromage de chèvre frais et à pâte molle

1. Dans un grand bol, mélanger les tomates, les olives, le basilic, le thym, l'huile et le sel et le poivre au goût.

2. Portez à ébullition au moins 4 litres d'eau dans une grande casserole. Ajoutez 2 cuillères à soupe de sel, puis ajoutez les nouilles et appuyez doucement jusqu'à ce que les nouilles soient complètement immergées dans l'eau. Bien mélanger. Cuire à feu vif, en remuant fréquemment, jusqu'à ce que les nouilles soient tendres. Égouttez les nouilles.

3. Ajouter les pâtes dans le bol avec les tomates et bien mélanger. Ajoutez le fromage de chèvre et mélangez à nouveau. Sers immédiatement.

www.ingramcontent.com/pod-product-compliance
Lightning Source LLC
Chambersburg PA
CBHW050149130526
44591CB00033B/1216